大戒東漸

启真馆 出品

六合叢書

大戒东渐

林鸣宇

ZHEJIANG UNIVERSITY PRESS
浙江大学出版社

丛书主编

吕大年　高峰枫

目录

《律宗新学名句》与道元戒思想之关联

　　《宗学研究》第四十二号所载拙论"成立背景から见た《佛祖正传菩萨戒作法》の意义"（2000 年 3 月，口头发表于 1999 年 10 月）中，曾指出《正法眼藏》"归依佛法僧宝"卷所示"四种三宝"之解释与宋代怀显《律宗新学名句》的内容相近。此后同第四十三号所载拙论"青莲院吉水藏新出资料《出家·授戒作法》について"（2001 年 3 月）中，继而提出了古来出典不详之《正法眼藏》"传衣"卷"十种粪扫衣"以及"出家功德"卷"行四依"等名相，皆与《律宗新学名句》内容相一致的结论。此等事例实乃笔者力图试论宋地律学是否真正给予道元戒思想一定影响之重要证据。

　　在此之前，宋代律宗名相集成《律宗新学名句》几乎与道元研究毫无关联可言，亦从未有学者先贤提及两者关系。拙论之问题意识也确在当时学界产生了一定的推动作用，石井修道论文"'深信因果'三时业考"（《驹泽大学佛教学部研究纪要》五八，2000 年 3 月），将古来未明其实之《正法眼藏》"出家功

1

德"卷之"四种最胜"的说明归于引自《律宗新学名句》。此后，桐野好觉论文"道元禅师と宝海梵志の誓愿（二）"（《曹洞宗研究员研究纪要》三一，2001年3月），亦将《正法眼藏》"传衣"卷之"袈裟五圣功德"、"十种粪扫衣"二项说明归于引自《律宗新学名句》。石井修道更在其论文"'归依佛法僧宝'考"（《驹泽大学佛教学部论集》三三，2002年10月）中指出，道元《正法眼藏》与怀显《律宗新学名句》之引用关系将作为"今后必须检证之课题"进一步加以讨论。

然而，仅靠此等五例来论证《律宗新学名句》给予道元戒思想影响如何，又似乎有欠充分，此外即使《律宗新学名句》给予道元思想一定影响，原书性质如何，且又是通过何种渠道为道元所接受等等问题也会接踵而来，作为此问题意识提起的第一当事人，当然有必要对之作出相应的解释以及说明。

一、怀显《律宗新学名句》对日本佛教界的影响

现在流行于中国大陆以及港台地区的《续藏经》，其中第一〇五册收录有怀显著《律宗新学名句》三卷。《续藏经》在其编辑成书的当时曾遇大火，烧噬了一些记录，所以现行本并未标注其源自何种底本。但据原编辑单位日本藏经书院的一些遗留资料显示，其底本当为现藏于京都大学附属图书馆藏经书院文库之宽文五年版村上勘兵卫刊本《律宗新学名句》（查询书号

为藏—4—リ—3）。另笔者亦于古书肆购得宽文五年版村上勘兵卫刊本《律宗新学名句》一套三册，其内容虽与《续藏经》版本相同，但条项排列相异处较多，这应当是《续藏经》编辑期间，为了顾及书籍版面要求而作的一些相应的调整，并非是另有异本存世。

《律宗新学名句》收集了以带数语（即所谓"法数"）为主的律宗用语约七百项，是统合宋代律宗各种基本概念的一种类书。

关于编者怀显之生平，不仅生卒不明，且历来僧传皆无记载。仅以《律宗新学名句》序文以及末尾内容可知，其当为绍兴元年（1131）前后活跃于钱塘（现杭州地区）并编辑《律宗

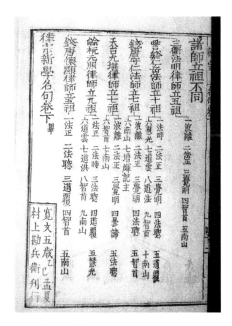

《律宗新学名句》卷下"诸师立祖不同"项

新学名句》一书的律宗僧人。另参看该书末尾之"诸师立祖不同"一项可见，怀显将自身比肩于北宋律宗大家允堪（1005—1061）以及元照（1048—1116）等人，来表述自己对律宗各时代祖师之相异见解，也似乎显示怀显与允堪、元照等律师的派系并无密切的师资传承关系。

宋人潜说友编《咸淳临安志》卷七十"人物"十一有以下记载：

> 怀显，西湖持净大师。政和中撰《钱塘胜迹记》五卷。朝请大夫轻车都尉周邠为之序引。

若《咸淳临安志》所记与《律宗新学名句》编者为同一人物，则怀显不仅与政府关系融洽，能够拥有御赐大师头衔，且政和年间（1111—1117）已经著有介绍杭州地区风景名胜的著作《钱塘胜迹记》，显示其应该久居钱塘。其更能请到同样出身钱塘，亦是北宋末期词人周邦彦的叔父，并与苏东坡交游甚深的官僚周邠为之作序，似乎也能看出其社交圈的广博。然而现阶段无法再找到更多关于怀显的资料。

《律宗新学名句》序文之中，怀显阐述了其编集此书的目的，其文曰：

> 《毗尼》中具列增一之文，而不兼通诸部。夫己宗虽广诸乘法数，而但局据一家。是使吾宗晚进辈，昧于披检，

致多阙如。予以时习之暇，辄忩讨论，统括诸部文句，搜罗一宗名言，总成三卷，用贻新学。虽不能发明大义，庶有补于遗忘云尔。

（世尊所传诸种《律》藏文献之中，虽多有增一带数之释，但却无法与其他诸部经论名相所通用。我宗虽广用诸种法数说明，然其说明却局限于律教一家。由是我宗新学后进，往往困迷于名相典故，以致不明处日益增多。怀显以行持之间隙，妄随己意，点检大藏经律论释诸部文言，网罗律教相关各类说明，谨为新学参研而编成三卷之文。虽不能发扬我宗大义，但愿至少可补充以往名相说明之不足。）

怀显的目的显而易见，就是为了浅显地通过法数这种手段来说明律宗的种种概念，并不能仅局限于律宗文献，而需要广泛地网罗以及采用他宗各类文献相关说明来佐证。而此书的对象也绝非已经拥有一定律学知识的僧人，而只是针对初学律宗的僧人而著。

或许因为此书所具有的启蒙性质，导致了其无法广为流传，现阶段甚至在可确认范围之内，无法在南宋以后的各类中国佛教的文献中找到曾使用过《律宗新学名句》内容的痕迹。

正如前文序中所言，具有启蒙目的，且并未被中国佛教界所重视《律宗新学名句》又是通过何种渠道，为日本佛教界甚至道元所瞩目的呢？

日本镰仓时代的佛教界的一些主流僧人，确实较频繁地使用过《律宗新学名句》，这应与当时入宋求学僧人对宋代律学的发展抱有极大的兴趣，并能慧眼识得此书，将其携来日本有关。然就时代背景而言，镰仓时代的日本佛教界对如何解决最澄创设大乘菩萨戒数百年来所积累的各种疑问而产生的需求，也造就了部分日本僧人对如何将宋地四分律的严谨融入菩萨戒而进行研究甚至开始修行。

镰仓时代的律僧觉盛（1194—1249）被世人称为"鉴真再世"，其自幼于南都七大寺之一，法相宗本山之奈良兴福寺出家。建历元年（1211），法相宗学僧贞庆上人于唐招提寺开讲《梵网经古迹记》，意欲复兴律学。翌年，觉盛便被贞庆选为复兴律学二十僧之一，并入住位于兴福寺内由贞庆弟子觉真出资所建之学律道场常喜院中，专攻律学。其于嘉祯二年（1236）完成自誓受戒，并以自誓受戒理念复兴南都律学而闻名。宽元二年（1244），成为所建唐招提寺住持，同时中兴了鉴真以来颓废不堪的唐招提寺律学研究。

觉盛于安贞二年（1228）所著《菩萨戒本宗要杂文集》（大正藏七十四卷）之中，有一处明确记载《律宗新学名句》书名，并完全引用了其"三苦"事项的内容。其文云：

> 《律宗新学名句》上云：三苦　　从三受，生三苦。
> 一苦苦　有漏五蕴性常逼迫名苦，又苦与受相应，即苦上加苦。

6

二坏苦　谓乐相坏时，苦相而至。

三行苦　谓有漏法四相迁流也。

（《菩萨戒本宗要杂文集》，引《律宗新学名句》卷上"三苦"项）

由此例可知，十二世纪中叶于宋地编修完成的《律宗新学名句》，至少在十三世纪初期已经传入日本，并对当时日本佛教界以贞庆、觉盛等为主的所谓"第一期戒律复兴运动"确实产生了一定的影响。

镰仓时代的净土僧人良忠（1199—1287），对日本净土宗教理思想之构筑，教团发展之规划所作贡献巨大，被日本净土宗公认为第三代祖师。其十五岁于比叡山受戒，嘉祯二年（1236）拜于日本净土宗第二代镇西流祖师辩长（1162—1238，曾师事比叡山总学头宝地房证真以及日本净土宗初祖法然）门下专修念佛。其著作《观经疏传通记》以及《选择传弘决疑钞》现为大正藏所收录，乃是研究日本净土宗教理之基本文献。此二著中亦有多处明显引用《律宗新学名句》项目的内容。

《律名句》云：一捉手、二捉衣、三入屏处、四共立、五共语、六共行、七身相倚、八共期。

（《选择传弘决疑钞》，引《律宗新学名句》卷中"比丘尼八波罗夷"项）

《新学名句》中云：五种三归。一翻邪三归，二五戒三归，三八戒三归，四十戒三归，五具戒三归。

（《观经疏传通记》玄义分卷一、《选择传弘决疑钞》，引《律宗新学名句》卷中"五种三归"项）

《律宗新学名句》中云：八难。一地狱、二饿鬼、三畜生、四长寿天、五北洲、六佛前佛后、七世智辩聪、八诸根不具。

（《观经疏传通记》玄义分卷四，引《律宗新学名句》卷中"八难"项）

《律名句》云：八福田。一佛田、二圣田、三和尚田、四阇梨田、五僧田、六父田、七母田、八病人田。

（《观经疏传通记》序分卷三，引《律宗新学名句》卷中"八福田"项）

五戒者。准《律名句》，一不杀生、二不偷盗、三不邪淫、四不妄语、五不饭〈饮〉酒也。

（《观经疏传通记》序分卷三，引《律宗新学名句》卷中"五戒"项）

十善戒者，准《律名句》，一不杀生、二不偷盗、三不邪淫、四不妄语、五不绮语、六不恶口、七不两舌、八不贪欲、九不嗔恚、十不邪见。

（《观经疏传通记》序分卷三，引《律宗新学名句》卷下"十恶"项）

仰于四辈者,《律名句》云:人天龙鬼,名为四辈。

(《观经疏传通记》散善义卷二,引《律宗新学名句》卷上"四辈"项)

奉顺六亲者,《律新学名句》云:一父、二母、三兄、四弟、五妻、六子。

(《观经疏传通记》散善义卷三,引《律宗新学名句》卷中"六亲"项)

以上诸例可见,良忠应该将《律宗新学名句》作为一种重要的工具书在加以使用,而且已经能够很自然地接受《律宗新学名句》的种种学说为己所用。

《续群书类从》第九辑上"传部"所录良忠传记资料《镰仓佐介净刹光明寺开山御传》对于良忠的学问体系的形成如是道,

加之佛心禅宗教化别传之旨、《首经》《圆觉》之法门者,访建仁荣西之门人荣朝、道元等。法相、三论、华严、律等之宗旨,禀渡宋之律师泉涌俊芿。

(《续群书类从》九上·三九页上)

(此外,为了习学佛心禅宗教外别传之宗旨与《首楞严经》《圆觉经》的思想,良忠曾造访建仁寺荣西门人荣朝以及道元等曾经留学宋地的僧人。而法相宗、三论宗、华严宗以及律宗的学识,良忠则禀受于渡宋律师京都泉涌寺开山祖师俊芿。)

9

此段文字古来争议颇多，孰真孰伪已非本文定论范围，较中肯详细的研究可参看纳富常天论文"道元の镰仓行化について"（《驹泽大学佛教学部研究纪要》三一，1973 年 3 月）。既然毫无留学宋地经验的良忠，能够如此自然地引用宋地新著戒律资料，其与俊芿以及道元等具有留学经验的僧人有过交流的说法亦可接受，而当时积极采纳宋地戒律知识与制度的建仁寺、泉涌寺的情况也势必会给其留下深刻的印象。

南北朝时代真言宗僧人杲宝（1306—1362），乃是于日本佛教界最古密教寺院东寺内创建学术机构观智院的人物，同时也是东寺最具代表性的学问僧之一。作为观智院第一世祖师的杲宝与其弟子在此收集编辑了数万种真言宗文献，并有大量著作存世。正因为杲宝及其弟子们的努力，三百年后的江户时代初期，观智院受到德川家康表彰正式成为日本真言宗的最高学术机构——劝学院。

杲宝在其著书《大日经疏演奥钞》曾明确说明其引用了《律宗新学名句》的五项内容，分别为：

> 九次第定者，《律名句》云：九次第定。一初禅定、二二禅定、三三禅定、四四禅定、五空处定、六识处定、七无所有处定、八非有想非无想定、九灭受想定。
>
> （《大日经疏演奥钞》卷二，引《律宗新学名句》卷中"九次第定"项）

> 《律名句》云：在家二戒，一五戒、二八戒。出家二

戒，一十戒、二具戒。上之三左

（《大日经疏演奥钞》卷十，引《律宗新学名句》卷上"在家二戒"、"出家

二戒"项）

《律宗新学名句》中卷云：受戒多岁不知五法尽形依

止。《十诵》

一者不知犯、二者不知不犯、三者不知轻、四者不知

重、五者不诵广戒。十四右、《十诵》二十一之十三右

又云：五分法身。一戒、二定、三慧、四解脱、五解

脱知见。十八右

（《大日经疏演奥钞》卷五四，引《律宗新学名句》卷中"受戒多岁不知五

法尽形依止"、"五分法身"项）

呆宝的引用方式与良忠相似，都能够较为自然地将《律宗
新学名句》的相关内容融入自身的学说之中。呆宝甚至还在
数处添加了原书的页码以备后学查询。虽然"十四右"以及
"十八右"两处标记与笔者所藏的宽文五年（1665）版村上勘兵
卫刊本《律宗新学名句》的相同条项的页数（分别为四右，八
右）已经大相庭径，但"上之三左"的记述却与宽文五年版不
差毫厘。且宽文五年版乃按四明旧版重刻，理应与呆宝所用书
籍同一母版，所以现行《大正藏》五九卷所录《大日经疏演奥
钞》的此处内容应由"十四右""十八右"改作"中四右"以及
"中八右"更为合理。

11

怀显的《律宗新学名句》问世之后，在本土可能因其启蒙性质而为诸多高僧轻视，甚至不值一哂，反而其在域外却能大放光彩，被屡屡奉为圭臬。或许算是一种特异的东亚地区的文化传播现象，与之境遇类似的还有数例。南宋谢枋得（1226—1289）编《文章轨范》，曾被王阳明贬为"独为举业者设"，称其充其量不过是商用科举参考书之流，然而该书在东瀛却能赢得"竞古今，揭日月，不磨灭"（伊东龟年《文章轨范评林》序）的美称。而元代曾先之的《十八史略》，原为启蒙书籍，难入大雅之堂，中土亦早已失传，而入东瀛之后，却得以独撼《左传》、《史记》地位。

二、《律宗新学名句》与道元戒思想之关联

如前所述，日本镰仓时代的佛教界确实存在诸宗僧人广泛引用《律宗新学名句》的事实，在此笔者将就日本曹洞宗道元如何吸收《律宗新学名句》内容来完善自身戒思想构筑作一分析。

本文序言已经提到，道元引用《律宗新学名句》内容的事例，已有石井修道、桐野好觉以及笔者所提示五例存在，此处笔者将进一步提示道元各类著作中引用《律宗新学名句》的例证。具体为以下四例。

(1) 十二分教

《正法眼藏》"佛教"卷中，录有将一切经分为十二类的概念说法，也就是俗称"十二部经"的内容。其文云：

十二分教

一者素呾缆　　　此云契经

二者祇夜　　　　此云重颂

三者和伽罗那　　此云授记

四者伽陀　　　　此云讽诵

五者忧陀那　　　此云无问自说

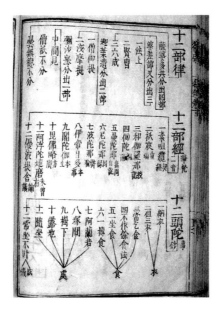

《律宗新学名句》卷下"十二部经"项

六者尼陀那	此云因缘
七者波陀那	此云譬喻
八者伊帝目多伽	此云本事
九者阇陀伽	此云本生
十者毗佛略	此云方广
十一者阿浮陀达磨	此云未曾有
十二者优婆提舍	此云论议

由于类似说法频出于各类佛书，古来诸种《正法眼藏》注释书籍皆未明言此等说法源自何处。按道元原为日本天台宗僧人，《法华玄义》的说法比较接近《正法眼藏》的内容，也许会是其最先参照的内容。《法华玄义》卷六上云：

> 今依大智论标名者，一修多罗，此云法本，亦云契经，亦线经。二祇夜，此云重颂，以偈颂修多罗也。三和伽罗那，此云授记。四伽陀，此云不重颂，亦略言偈耳，四句为颂，如此间诗颂也。五优陀那，此云无问自说。六尼陀那，此云因缘。七阿波陀那，此云譬喻。八伊帝目多伽，此云如是语，亦云本事。九阇陀伽，此云本生。十毗佛略，此云方广。十一阿浮陀达摩，此云未曾有。十二优波提舍，此云论议。

不过《法华玄义》与《正法眼藏》在文字表现上还是存在

一定的差距。然而《律宗新学名句》卷下"十二部经"项，却除了"伊帝目多伽"作"伊帝目多"外，其他内容基本与《正法眼藏》相一致。

（2）七佛

《正法眼藏》"佛祖"卷的卷首，罗列了七佛的名称以及彼此对应的汉译词汇。其文云：

毗婆尸佛大和尚	此云广说
尸弃佛大和尚	此云火
毗舍浮佛大和尚	此云一切慈

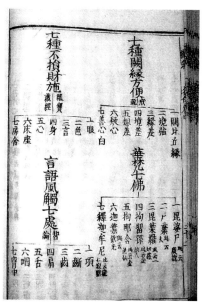

《律宗新学名句》卷中"华梵七佛"项

拘留孙佛大和尚	此云金仙人
拘那含牟尼佛大和尚	此云金色仙
迦叶佛大和尚	此云饮光
释迦牟尼佛大和尚	此云能忍寂默

此段文字实为道元二十六岁留学之时，直接礼拜受持于其师如净。按理无须深究其义，然而此处汉译内容却极其罕见，向来不知其出自何处。江户时代之注疏《正法眼藏却退一字参》虽有逐句作解，但皆不达要领。而《正法眼藏涉典录》则更是博采十数种经论之说法，以求证所谓"异说不一"。

反观《律宗新学名句》卷中之"华梵七佛"一项，除《正法眼藏》之"能忍寂默"作"能仁寂默"以外，汉译内容完全一致。此外古来一些《正法眼藏》的异本，此处亦与《律宗新学名句》同样，写作"能仁寂默"。

(3) 五种卧法

《辨道法》一书乃是道元于其大佛寺时代（1244—1246）编著的僧堂修行之生活规范。其中对于睡眠的方式提到"五种卧法"，其文云：

《三千威仪经》曰：五种卧法，一当头向佛、二不卧视佛、三不双伸两足、四不向壁及伏卧、五不竖膝。

16

然而，细读《三千威仪经》原文可以发现，两者在文字表现上还是有较多的出入。其文云：

> 卧有五事。一者当头首向佛、二者不得卧视佛、三者不得双申两足、四者不得向壁卧、亦不得伏卧、五者不得竖两膝更上下足、要当枕手捡两足累两膝。

可见，道元并非直接引自《三千威仪经》。而同样号称引自《三千威仪经》的《律宗新学名句》卷中"五种卧法"的说明却完全与《辨道法》所述内容相一致。

（4）粥有十利

《赴粥饭法》一书乃为道元晚年于永平寺所著僧堂朝昼摄食作法。其中指定僧人于食堂内食粥之前，当唱诵"粥有十利，饶益行人，果报无边，究竟常乐"偈文。对于食粥所产生的十种利益，道元引《僧祇律》为据如此道：

> 十利者，一者色、二者力、三者寿、四者乐、五者词清辩、六者宿食除、七者风除、八者饥消、九者渴消、十者大小便调适。《僧祇律》。

然而《摩诃僧祇律》原文却找不到如此的说明，其卷第二九只是以偈文的形式来表述了"粥有十利"。

持戒清净人所奉，恭敬随时以粥施。

十利饶益于行者，色力寿乐辞清辩。

宿食风除饥渴消，是名为药佛所说。

欲生人天常受乐，应当以粥施众僧。

而与《赴粥饭法》的记载，除"九者渴消"误作"九者渴"外，几乎完全相一致的文献，则唯有《律宗新学名句》卷下"僧祇粥十利"一项而已。

以上所举诸例可知，《律宗新学名句》所涉及的律宗名相，不仅对于道元的《正法眼藏》，而且对其制定的一系列清规类文献皆有一定程度的影响。虽然道元在其著作之中，从未提及《律宗新学名句》书名以及著者怀显，但此并不意味道元根本无法接触到由《律宗新学名句》所总结的相关内容。况且同一时代其他宗派的僧侣已经逐渐开始认同以及使用《律宗新学名句》的一些内容，即使道元无法直接参照此书，也丝毫不会影响到其间接地通过其他方式由熟悉此书内容的人物处获取相同或类似的见解。换言之，无论是道元青年期曾参学过的积极摄取宋地律学知识的建仁寺荣西之处，或是与建仁寺有着密切关系并留学宋地研习戒律的泉涌寺俊芿之处，甚至道元达成留学目的之天童山如净之处，道元完全有充分的时间和机会接触到《律宗新学名句》的内容。

道元著作所见对于《律宗新学名句》的引用，基本局限于修行作法的补充说明及一般性质的佛教概念，其对宋地律宗兴盛的四分律研究丝毫不感兴趣。对于道元而言，不受具足戒、唯受菩萨戒的根本立场使其没有必要花过多的时间去纠葛于具戒与菩萨戒的教理争论。然而其在禅宗修行方法的注意事项中刻意导入律宗的一些说明，应与其力图补充禅宗清规的不足有关。

总之，宋地的律学思想或许对道元的影响确实有限，但道元自身注意到并能够吸收包括《律宗新学名句》在内的宋地律学知识，亦是无法否定的事实。而此点当然应看作道元戒思想的一个重要环节，亦当以此为道元戒思想的一个重要形成因素来作更深入的考察。

（日文原刊曹洞宗综合研究中心《宗学研究》48 号，2006 年 3 月。编译于 2013 年 10 月 17 日）

附记：不一致的地方

这篇论文在学界没有太多的反响，仅有古山健一论文"粥有十利考"（《宗学研究纪要》第十九号，2006）曾引用过此文，算是我自娱自乐的小作品吧。其实此文的写作目的在于总结，我的初衷是希望通过此文对数年前自己所提学说作一个整理，给多年来关注我研究内容的学界同仁一个交代。

此次编译，也使我能重新翻开当时的笔记，再度揣摩写作时的心境以及所遇的各类问题。笔记上的记录首先抄录了石井修道教授以及桐野好觉先生论文中有关引用《律宗新学名句》的状况，可能是需要在了解学界动态，并发现欲解决问题后方可执笔写作。

"《眼藏》之外文献"这个批语应该是我当时找到的一个前人未涉及的问题所在，即以往学者虽通过我的研究已能注意到《律宗新学名句》与道元引用的可能性，但似乎还是仅仅局限于《正法眼藏》一书，并未考虑到与道元其他著作的关系。这也促使我在此论文中能够尽可能找一些"《眼藏》之外文献"来论证其与《律宗新学名句》间的关联。

另一个笔记内容是"定性"，即《律宗新学名句》到底是怎样一部书籍？其在中国本土的流传情况如何？进一步查询中国本土各种资料对于《律宗新学名句》的使用情况应是当时急于实行的课题之一。但查询的结果却出人意料，中国本土各类书籍目录以及佛典注疏虽没有对《律宗新学名句》有过任何的记载或引用，我反而在日本僧人的一些著作中找到了使用《律宗新学名句》的痕迹。论文中对日僧文献的引用情况所作的介绍正是从这个问题由来的。

"佚存书"是笔记上定性《律宗新学名句》的另一个关键词，盖"佚存书"乃是古来流传域外，而本土佚失的古籍。虽然论文中没有介绍到这些，但笔记上罗列的选自《古逸丛书》各类古籍名称让我想起当时确有在这个问题上大展手脚的念头。或许是顾忌到可能偏题，最后仅选择了类比性较强的《文章轨范》和《十八史略》两个例子。

"查询"处画了两个箭头,一个写"京大",应该是指有必要查询京都大学藏经书院的《律宗新学名句》;另一个写"大仓山",这是指横滨的大仓精神文化研究所,此处也收藏了一部《律宗新学名句》。当时我舍远求近,只去大仓精神文化研究所附属图书馆查看了宽文五年版《律宗新学名句》,道理很简单,《续藏经》内容错简较多,使用时必须进行原本对照。后来在一个偶然的机会,我在东京的旧书店购入了宽文五年版《律宗新学名句》,由于价格较为合理,想必其印数也并非稀少之类,同样也切身体会到此书确实在日本古来流传广泛。

"质问对策"这个记录比较有意思,此次重新看到,真是唏嘘不止。可能是会议发言稿写完之后,为了对付提问时间有可能遇及的刁钻质疑以防冷场,自己预备的一些模拟问题。其中竟然有"《律宗新学名句》与道元文献著作不一致之处"一项,现在看来着实吓了一跳。估计是考虑到"逆向思维"的听众可能提出的质疑而做的准备。同时也可以说明道元曾使用多种戒律资料强化其学说。虽然当时发言现场并未用到此资料,但此次既然能够再度编译此文,也不妨不作改动将之抄录于后,以博诸方贤士一笑。

(1) 四邪、五邪

《永平知事清规》云:

21

所谓四邪者,

一者方邪,谓通国使命。

二者维邪,谓医方卜相。

三者仰邪,谓仰观星宿日月术数等。

四者下邪,谓种种植根五谷等。

五邪者,

一者为利养故,现奇特相。

二者为利养故,自说功德。

三者卜相吉凶,为人说法。

四者高声现威,令人畏敬。

五者说所得供养,以动人心。

《律宗新学名句》云:

四邪

一方邪,通使四方为求衣食。

二仰邪,上观星象盈虚之相。

三下邪,耕田种植种种下业。

四四维口食,习小小咒术,以邀利活命。

五邪

一改常威仪,诈现异相。

二说己功德。

三高声现威。

四说己所得，激动令施。

五为求利故，强占他吉凶。

《永平知事清规》此处应引自湛然《止观辅行传弘决》。

（2）十事

《永平知事清规》云：

《三千威仪经》云：当以十事待新至比丘。

一者当辟与房。

二者当给所须。

三者当朝暮往问讯。

四者当语国土习俗。

五者当教避讳。

六者当语乞丐处。

七者当语僧教令。

八者当语某可食。

九者当语县官禁忌。

十者当语贼盗某许可逃，某许不可逃。

《律宗新学名句》云：

新至比丘十事与之。

一当避与房。

二当给所须。

三朝暮问讯。

四语以习俗。

五当教避讳。

六语请到处。

七语僧教令。

八当语某事可食。

九示县官禁忌。

十语以盗贼处所。

《永平知事清规》此处应引自《三千威仪经》原文。

(3)《永平知事清规》之"市买五事"、"择米五事"、"洮米五事"、"澡釜五事"、"择菜五事"、"作羹五事"、"燃灶五事"、"破薪五事"皆引自《三千威仪经》原文。《律宗新学名句》无上述内容。

(4)《永平知事清规》之"七事"亦引自《三千威仪经》原文。《律宗新学名句》无上述内容。

（记于 2013 年 10 月 13 日）

道元戒律思想与天台教理思想之接点

——《正法眼藏》"三十七品菩提分法"卷所见事例

　　道元戒律思想之形成，绝非局限于特定宗派或个人间之师资传承。笔者既往持论认为，其至少受中国禅宗之戒律思想以及作法、律学、天台教学之圆顿戒等三种思想系统之影响而形成。道元在对之进行整理再编的基础上，继而构筑有自身特色的戒律思想以及作法。

　　第一，关于与中国禅宗之关系，道元各种著作中公称其接受高沙弥受戒事例以及坚守《禅苑清规》之规定。其中，《正法眼藏》"受戒"卷更认为其所禀受佛戒乃是中国禅宗"青原南岳等之正传"，而僧传所载拒绝比丘戒授受的高沙弥以及丹霞天然，更被其看作不受声闻戒法、仅受佛祖正传菩萨戒的祖师而大加赏赞。虽然根据《宝庆记》记录，此等思辨方式多由其师如净循循善诱而致，但如净所言以及此后其授与道元之"菩萨戒"是否与当时中国禅宗普遍作法一致，则尚有继续论证之余地。

　　第二，关于中国律宗思想之关系，以俊芿为首之留学宋地的日本僧人的影响毋容否定。俊芿完成其留学返回日本之后，即于京都建立泉涌寺欲复兴中国律宗之南山四分律法，其目的非常明显，就是要以四分律的具体内容去补充以及完善长久以来占据日本佛教统治地位的最澄之圆顿戒作法。纳富常天论文"俊芿と道元"（《印佛研究》23—1，1974 年 12 月）指出，道元于其入宋前之约五年半期间中，可能曾在京都接受过俊芿的指导。虽然道元对于俊芿提倡的兼受菩萨戒相承持有否定的态度，但此并不影响其于《正法眼藏》及《永平清规》之中引用南山律宗的学说以及采用其作法，此点更可参看平川彰论文"道元の戒观と律藏"（《道元思想大系》9，同朋舍，1995 年）及拙稿"成立背景から见た佛祖正传菩萨戒作法の意义"（《宗学研究》42 号，2000 年 3 月）。不过作为后续课题，道元对于南山律宗学说取舍选择的标准还需进一步加以论证。

第三，关于天台教理思想之关系，幼年于比叡山出家，入宋之前作为日本天台宗僧人的道元应有较坚实的天台教理思想的基础。道元戒律思想所见十六条戒授受是否为改编自日本天台授戒作法，笔者已于"青莲院吉水藏新出资料《出家·授戒作法》——论与'十六条戒'之关系"等一系列论文有所论证。而最近驹泽大学名誉教授山内舜雄之《摩诃止观と正法眼藏》第四卷，提到当时比叡山总学头宝地房证真（?—1215）对中国天台荆溪湛然《辅行传弘决》所言"涅槃中五篇七聚，并是出家菩萨律仪"一句（即从日本天台角度如何去理解中国佛教关于五篇七聚声闻戒法亦可作为菩萨戒仪的说法）所作的解释，可能对道元戒律思想的形成产生影响。

证真《摩诃止观私记》第四云：

"五篇七聚并是出家菩萨律仪"者，

问："菩萨出家作比丘者，为必受比丘戒？为但受菩萨戒亦为大僧耶？若必受比丘戒者，今我山门传教大师说，但受菩萨戒亦为大僧，如《显戒论》、《显扬大戒论》等广说。若云尔者，《大经》、《十住婆沙》等并今文云：'菩萨出家，受比丘戒'"。

答："此是我朝上古异论。今山门意，诸佛国土泛有三种。一者唯说小乘，纯声闻僧受声闻戒。二者大小兼杂，有三乘僧行法虽异，戒律是同。菩萨僧同声闻戒。其中虽有菩萨戒律，是别圆菩萨兼受得之。道俗通受，不必大僧。三者唯说大乘纯菩萨僧，彼土既无声闻僧，故不制小律，故唯说菩萨戒，出家菩萨唯受彼戒。今我山门唯学法华一乘圆教，故戒定慧并须一乘。故其戒法不共声闻，故须同彼纯大乘国菩萨僧也。而诸文并云菩萨出家用白四者，是娑婆国有三乘僧，大小兼杂。菩萨僧同声闻戒，天竺震旦行仪存之。故今决云，篇聚并是出家菩萨律仪。"

山内认为，作为比叡山首任总学头的宝地房证真，其发言具有相当的权威性。解释天台经典之际，证真在确认日本天台为法华一乘圆教，不共声闻戒法的同时，并未否定中国佛教大小兼受的戒律授受制度，此种态度其实也鼓励了同一时期相继留学宋地的俊芿、荣西、道元等在戒律方面努力从宋国僧人处去寻求各自所追求的答案（《摩诃止观と正法眼藏》第四卷，第77页，大藏出版，2003年）。

本论文将基于山内学说，另通过分析《正法眼藏》"三十七品菩提分法"卷所见道元论调为主，略述道元戒律观与天台教理思想的接点。

何谓三十七品？此乃《大智度论》释初品中三十七品义之四念处、四正勤、四如意足、五根、五力、七觉分、八圣道分，亦是佛徒为求涅槃而实行的修行方法。中国天台宗的智顗将之作为天台教理的基础知识之一收录于法数类书籍《法界次第初门》之中。

道元《正法眼藏》则更以教、行、证三个角度来解说三十七品，意欲解释古佛修行的本来面目。其解释八圣道分"正命道"云：

> 释迦牟尼佛言："诸声闻人，未得正命。"
>
> 然则声闻教行证，未正命也。而近日庸流曰："不可分别声闻菩萨，其威仪戒律可共用。"而以小乘声闻法，判大乘菩萨法威仪进止。
>
> 释迦牟尼佛言："声闻持戒，菩萨破戒。"
>
> 然谓声闻持戒，若如比望菩萨戒，则诸声闻戒皆破戒，自余定、慧亦如是。虽不杀生等相，自声闻与菩萨相似，

而必应别也！不可及天地悬隔论也。况佛佛祖祖正传宗旨与诸声闻齐等耶？非正命尔，有清净命。然则参学佛祖，应当正命。论师等见解，不可用焉！（因《正法眼藏》原文掺有假名，此引用为江户时代本光（1710—1773）编著汉文版《正法眼藏》，即《正法眼藏却退一字参》内容。）

此处道元举"近日庸流"所谓声闻以及菩萨共用威仪戒律之误说，并以佛言"声闻持戒，菩萨破戒"为由，指出声闻戒与菩萨戒虽然戒相相似，而宗旨相异，未得正命，必须分别对待。

以往诸如江户时代之《却退一字参》、《涉典录》，以及河村孝道监修《道元禅师全集》（春秋社，1993年），水野弥穗子校注《正法眼藏》（岩波书店，1990年）等各类注释以及研究书籍对于道元所引"声闻持戒，菩萨破戒"一句，皆以其出自于唐代菩提流支所译《大宝积经》卷九十，此外对于"近日庸流"所指亦未详其实。

然而，菩提流支译《大宝积经》卷九十之"优波离会"正文如下：

> 尔时世尊告优波离："汝今当知，声闻菩萨学清净戒，所发心所修行异。优波离，有声闻乘持清净戒，于菩萨乘名大破戒；有菩萨乘持清净戒，于声闻乘名大破戒。"

此与道元引用内容虽然意近，但字里行间尚存相异，较难判断道元是否直接引用《大宝积经》作解。反而此种思想源自于与天台宗教理思想有密切关连的罗什译《清净毗尼经》以及刘宋时求那跋摩译《菩萨善戒经》的相关文例似乎更为自然。

日本天台宗第三代座主圆仁（794—864）在其著《显扬大戒论》卷首，就日本天台宗对于大小二乘戒律看法的由来如是道：

> 诸大乘经论，分别大小二戒，其文繁多，不可具列，今且引《清净毗尼经》、《菩萨善戒经》、《大涅槃经》等文，显示此义。

可见，《清净毗尼经》、《菩萨善戒经》两经的言说对日本天台戒律思想形成产生的影响应远较《大宝积经》为大。

罗什译《清净毗尼经》云：

> 佛言："如是。天子！菩萨宁当毁犯禁戒，终不舍于一切智心。宁为菩萨具诸烦恼，终不作于漏尽罗汉。"天子叹曰："希有世尊，是菩萨所行胜余世间。世尊，诸声闻持戒勤加精进，即是菩萨毁禁懈怠。"

《清净毗尼经》此文为关于毗尼（戒律）护持问题，寂调伏音天子与世尊之间的问答。世尊认为大乘菩萨之犯戒，其实并未泯灭一切智心，所以不能与位居小乘极致，号称破一切烦恼之阿罗汉相比较。寂调伏音天子则由之赞叹菩萨行胜过世间一切行，所以才有了声闻持戒在菩萨看来不异于毁犯禁戒。此处经意并非以菩萨犯戒为主题，而是确认了菩萨与声闻位居次元的不同直接导致两者在戒观上的迥异。此例也是中国佛教早期对"菩萨犯戒"问题所呈的解答。

求那跋摩译《菩萨善戒经》序品第一云：

> 优波离！声闻戒净非菩萨戒净，菩萨戒净非声闻戒净。声闻之人乃至一念不求于有，名声闻戒净。菩萨若不求于有者，名大破戒，名不净戒。声闻求有，是名破戒，名不净戒。优波离！菩萨摩诃萨于无量劫常处有中、心不生悔、名菩萨戒净、非声闻戒净。

此文与《大宝积经》"优波离会"内容相近，皆为世尊门下号称持律第一之优波离尊者在质问世尊如何区别声闻戒与菩萨戒时世尊所示的答案。世尊的解答清晰明快，即所谓"菩萨戒净、非声闻戒净"。

《显扬大戒论》乃圆仁遗著，由其弟子安慧（794—868，第四代日本天台座主）整理，并于圆仁圆寂两年之后公之于世。《显扬大戒论》的著作目的，既为对抗源自以奈良为中心的南都佛教对新生日本天台戒思想的非难，同样也为保持最澄所作大乘戒体系命脉而构筑了坚实的理论基础。圆仁当时所处的日本佛教界，反对最澄所提倡的大乘菩萨戒的势力不为少数。《显扬大戒论》中至少记载了两种较普遍的反对意见。

> 近代有执小戒人，远背大圣之训，近断三宝之种者也。
> 其执者云："小乘二百五十戒外，更无菩萨戒，篇聚之戒即
> 菩萨戒。"此义不然！（中略）执者云："戒无大小，随人意
> 乐，成大小戒。是故无别大乘戒。"此义不然！

> （《显扬大戒论》大小二戒差别篇）

为了反驳此类完全否定菩萨戒以及将声闻戒与菩萨戒混为
一谈的意见，圆仁选择了以《清净毗尼经》与《菩萨善戒经》
为主的学说，对声闻戒与菩萨戒的区别作了补充说明，并阐扬
了菩萨戒的优越。

例如《显扬大戒论》如此道：

> 又《经》云："一念不求于有，名声闻戒净。菩萨若不
> 求于有者，名大破戒，名不净戒。"如汝所言者，应大小同
> 不求于有，应大小同名为破戒。求与不求，持犯求异。明
> 知"声闻持戒，即是菩萨破戒"。

> （《显扬大戒论》四事广狭不同别）

对照前出《清净毗尼经》与《菩萨善戒经》引文及《显扬
大戒论》各处划线部分内容，圆仁此处言论明显在整合《清净
毗尼经》及《菩萨善戒经》的学说基础上，来反驳将声闻戒与

菩萨戒混为一谈的意见，"声闻持戒，即是菩萨破戒"的说法作为此后日本天台戒律思想的重点之一，也第一次出现在文献之中。

或许只是一个偶然，坚持佛祖正传菩萨戒的道元，竟然在《正法眼藏》中，同样以"声闻持戒，菩萨破戒"的说法来维护了菩萨戒的优越。

毫无疑问，道元在其《正法眼藏》"三十七品菩提分法"卷所显示的戒律观，与圆仁《显扬大戒论》论调是一脉相承的。不能因为道元本人未及明言而去无视甚至否定其所受的天台教理思想的影响，所以对于道元戒思想的形成，日本天台的圆顿菩萨戒立场应占有极重要的一席之地。

另一问题即是道元所称的"近日庸流"到底针对何人？按道元文中所举"近日庸流"之言论主要为"不可分别声闻菩萨"。此或许承袭了《显扬大戒论》之近代"戒无大小"论的说法，但因道元特加"近日"二字，更有可能是指道元当时佛教界的部分僧人。

不刻意区分声闻戒与菩萨戒，认同大小兼受的立场，也就是道元所谓之"近日庸流"的思想，宝地房证真在其《摩诃止观私记》第四（引文见前）中，其实并未持完全否定的态度。

当时拥有日本天台宗总学头身份的证真认为，以比叡山为中心的日本天台宗在天台教理思想认识上，应该承认佛教界容许声闻戒单受、声闻戒菩萨戒兼受、菩萨戒单受三种戒观同时存在的事实。但就秉承法华一乘圆教的日本天台宗而言，不用声闻戒、唯授菩萨戒的立场不变。

证真时代的天台宗相较于最澄的教团草创时代，其活跃空间以及社会地位已经起了巨大的变化，日本天台宗已经没有必要为了与其他宗派对抗而在戒制方面执意去否定声闻戒。证真的态度正也是此种背景下的产物，大小兼受的受戒作法虽然与日本天台的戒观相悖，但近似理想主义的圆顿戒思想在实际持守之时，又无可避免地会出现其内容单薄的一面。当时的日本天台宗不仅拥有融合台、密、戒、禅四宗的野心，更有源信等推崇念佛的势力存在，并与神道界交好，树立山王一实神道，是名副其实的混合宗教。这也是当时诸如俊芿以及荣西为何会对日本天台的诸相抱有疑问，相继入宋寻求佛法真谛，在接受大小兼受戒法后，脱离日本天台，开创新教团的重要理由之一。

不过，几乎同时入宋留学的道元，却并未如俊芿、荣西那般接受宋地的大小兼受戒制，即便脱离了日本天台，形式上更自称已得"南岳青原"之正传佛戒，但其思想上并未能摆脱日本天台圆顿菩萨戒传统的影响。《正法眼藏》"三十七品菩提分法"卷所见"声闻持戒，菩萨破戒"的言论，也正是其与最澄、圆仁、证真等各时代日本天台宗的僧人在菩萨戒授受问题上持相近立场的证据。

此外须指出的是，还有必要了解《正法眼藏》"三十七品菩提分法"卷的著述背景。此卷内容，著于宽元二年（1244），即大日房能忍（生年不详）所创的日本达磨宗教团（禀法大宋阿育王山临济宗拙庵德光）归附道元，新生道元教团由京都转移至北陆越前（今之石川县及福井县地区）之后，教团正式进入草创时代的时期。据中尾良信论文"道元の出逢いと佛法"（《日本の名僧》九·道元，吉川弘文馆，2003年）介绍，此段期间著述的《正法眼藏》各卷所见对达摩宗的种种批判，随着达磨宗僧众的不断加入而愈发显著。

在《正法眼藏》"佛道"卷更是出现了以下道元直称归附而来并已继承中国临济宗法脉的达摩宗为"近代庸流"的一幕。

> 大宋近代天下庸流，闻此妄称禅宗名。俗徒多称禅宗，称达摩宗，称佛心宗，妄称竟风闻为滥佛道。此则佛祖大道未曾知，不见闻不信受有正法眼藏辈，乱道也！知正法眼藏，谁有错佛道称！
>
> （因《正法眼藏》原文掺有假名，此引用为江户时代本光（1710—1773）
>
> 编著汉文版《正法眼藏》，即《正法眼藏却退一字参》内容。）

道元于"三十七品菩提分法"卷中所言对大小兼受戒制度的驳斥，也可能是针对号称继承宋朝禅法脉的达磨宗僧众，以便其统一教团内部参差不齐的戒律观。

《正法眼藏》"三十七品菩提分法"卷所见道元之戒律观，虽不过是构成道元戒思想的一个片面的环节而已，但作为揭明道元多重复杂戒思想的构成的一个线索，确能察觉以及了解到道元与日本天台传统戒思想有一致之处。

原论文补记：

笔者于第五十届曹洞宗宗学大会论文发言完毕后接受听众质疑问答之际，因受曹洞宗综合研究中心特别研究员石岛尚雄教授提示称：

> 《正法眼藏》'三十七品菩提分法'卷之'声闻持戒，菩萨破戒'一句，依照镜岛元隆监修、曹洞宗宗学研究所编《道元引用语录の研究》，当为引自同时代荣西所著《兴禅护国论》。

因当时发言时间有限，故与石岛教授约定将在论文刊行之际，以补记形式作答。现答复如下。

镜岛元隆（1912—2001，驹泽大学原总长，名誉教授）监修、曹洞宗宗学研究所编《道元引用语录の研究》（春秋社，1995 年）第 266 页之"释迦牟尼·声闻持戒"条，作为第二出典确实采用了荣西的《兴禅护国论》（第一出典当然是古来认定的《大宝积经》），此外作为比较近似的内容，还采用了北天竺觉爱略说，唐代明恂、慧智录译的《修禅要诀》。

然而荣西对于菩萨戒的看法，向来以"大小兼受"著称，接受菩萨戒的同时并不会执意去否定声闻戒，所以如"声闻持戒，菩萨破戒"般的大乘戒至上论的说法，应该并非荣西本意。

再看《兴禅护国论》原文可以发现，荣西原来如此写道：

问曰："尔者应依何戒而参禅耶。"

答曰："四分、梵网等戒，是正所宜也。外学声闻威仪，内持菩萨慈心故也。"

问曰："五篇、七聚是小行意也，兼备何要耶？谓'声闻持戒，则菩萨破戒也'。瑜伽菩萨地广明持犯不同乎？"

答曰："佛法本意，唯避恶防非以为旨也。其持犯开遮，得意修之，并无妨欤。道宣律师云：'或云我是大乘之人，不要行小乘法。此则内乖菩萨之心，外阙声闻之行。自非知法达士，孰能鉴之者哉。'甚深哉，此言乎！为禅宗要枢也！"

无疑，荣西提倡的戒观是以四分戒、梵网戒的兼受为基础的，其不会认可摒弃声闻戒、唯受菩萨戒的作法。而这也是荣西留学中国引以自豪的成果之一，与其承袭的道宣南山律所宣扬的"大小兼受"受戒精神是相一致的。所以作为解答，荣西理所当然地以道宣《教诫新学比丘行护律仪》的内容作为依据，再次阐述了"大小兼受"的戒法方为禅戒的要旨。

所以，《兴禅护国论》所见"声闻持戒，菩萨破戒"一文的引用，其实并非荣西个人的主张，应为其驳斥的对象。可见对于此则引文，荣西与道元的意图迥异，切不可混为一谈。而《道元引用语录の研究》关于此条目的引用说明的不妥之处，当然也应由我等后辈进一步补充完善。

（日文原刊曹洞宗综合研究中心《宗学研究》47 号，2005 年 3 月。编译于 2013 年 10 月 12 日）

附记：迟交的作业

有时候所谓的论文不过是去答复一个承诺。这篇论文是一份迟交山内舜雄教授一年且并不十分合格的作业。

应该是 2003 年 10 月 31 日，那天我在驹泽大学召开的第四十九届曹洞宗宗学大学上，以"元称名寺藏戒仪之发现"为题作论文发言，报告途中，好像是十点左右突发地震，地处五楼的会场内惊叫者有之，离席者有之。我幸好还能保持情绪，便故作镇定地继续报告直至结束。

报告完毕后，因心悸于刚才的摇晃，也不去听下一场的报告，便一人行至休息室想喝口水顺便压惊。一位老叟亦随我身后慢慢踱来，他就是刚刚在会场上向我发问，已经年过八旬的山内舜雄名誉教授，也是研究天台教理思想以及道元思想的重镇。他命我坐下，先夸我方才发表时临危不惧，颇有大将风度。我心里却暗道，身旁的司会太过镇定，我不过是硬着头皮学他样子而已。

只见山内教授从包中取出一本书籍，并手持那种便携式的毛笔准备题字的样子。

"听说你的博士论文已经在上个月出版了，怎么也不想到寄我一本。"

他也不看我，只是继续在书上题字。

"没关系哦，我们现在交换各自的博士论文也不晚嘛。"他笑道。

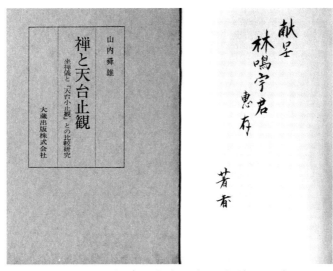

山内教授于宗学大会会场相赠书籍及题字

　　"这是我十多年前出版的博士论文《禅与天台止观》，送给你留个纪念，别忘了你也要寄论文给我哦。"他合上墨迹略干的扉页，把书递给我。一时我受宠若惊，不知如何是好。

　　"我看了你做的青莲院《戒仪》研究，在戒律思想传承方面，道元与日本天台有难以割舍的关系，我觉得还有继续深入的余地。"

　　我只是含糊地点了点头，"山内教授，真是非常抱歉，我今天没有带我的书，但我回家后会马上寄给您的。另外道元和日本天台的关系，我有一些不太成熟的想法，有机会的话会整理发表并听取您的意见的。"

　　"好的，我也会陆续寄一些我的书籍供你参考。"他说完便慢慢踱出，继续去听其他会场的发言了。

山内教授十年间陆续相赠书籍之一部分

　　原以为只是临场的客套，哪知山内教授在这十年里，竟断续给我寄来近二十大册他的专著，而我回寄他的只不过三册而已，学恩难酬。

　　本论文所涉《摩诃止观と正法眼藏》第四卷，也是山内教授随后寄来的书籍之一。本论文由我于翌年宗学大会上发表，此中论点可以说是对《摩诃止观と正法眼藏》第四卷山内学说所作的一种小小的发展。原论文补记中提到的石岛尚雄教授，正是继承山内教授天学教理研究的得意门生。

（记于 2013 年 10 月 13 日）

道元菩萨戒思想所见中国禅宗之影响
——高沙弥事例略谈

　　笔者此前发表之"成立背景所析《佛祖正传菩萨戒作法》之意义"(《宗学研究》42 号,2000 年 3 月)、"青莲院吉水藏新出资料《出家·授戒作法》——论与"十六条戒"之关系"(《宗学研究》43 号,2001 年 4 月)、"镰仓时代诸种菩萨戒仪之流传——再考十六条戒"(《宗学研究》44 号,2002 年 4 月)、"青莲院所藏戒仪写本之内容研究"(《曹洞宗研究员研究纪要》32 号,2002 年 3 月) 等四篇论文中认为,道元菩萨戒思想之形成至少接受三种佛教思想体系的影响。首先即是其于恩师如净处所受中国禅宗流传的菩萨戒作法以及思辨方式的影响,其次则为其幼年期在比叡山所受天台戒思想以及圆顿戒作法的影响,最后则是受到中国律宗长期以来总结归纳的戒律理论以及作法的影响。

　　本论则将以分析如净传授道元之高沙弥事例为主,兼议中国禅宗对道元菩萨戒思想形成所赋予的影响。

　　《宝庆记》乃大宋宝庆年间,日本僧人道元于宁波天童山如

41

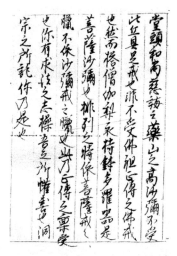

全久院藏《宝庆记》高沙弥部分

净禅师处求学时的笔记。针对长久困惑道元的中日佛教界对于
菩萨戒受戒之认识不同问题，如净如是答道：

> 堂头和尚慈诲云："药山之高沙弥，不受比丘具足戒
> 也，非不受佛祖正传之佛戒也。然而搭僧伽梨衣，持钵多
> 罗器，是菩萨沙弥也。排列之时，依菩萨戒之腊，不依沙
> 弥戒之腊也。此乃正传之禀受也。你有求法之志操，吾之
> 所欢喜也。洞宗之所托，你乃是也。"

道元的祖国日本，自最澄推行圆顿戒数百年来，佛教界普
遍以不授具足戒、直授菩萨戒为主要授戒律方式。道元赴宋亲
身接触中国佛教的授受戒体系——即《菩萨善戒经》所谓"重

42

楼四级"之授戒制度后，所感受的冲击应该是极具颠覆性的。其一在于日本所受之菩萨戒若不能被宋地寺院正式认可，这将无从确认道元比丘僧身份而导致其无法挂搭寺院修行。其二在于即使挂搭寺院承认其受戒身份，由于在安居挂搭期间须高悬显示修行年数的戒腊牌，公示僧众以便排列位次，这又将导致道元因无法显示具足戒戒腊而难以参与僧众修行。

　　如果没有如净以上的回答，道元也许会如同留宋前辈俊芿以及荣西那样，被迫接受具戒与菩萨戒的重受。而如净直截地提出中国自古已有高沙弥不受具戒，而得受佛祖正传佛戒的见解，无疑在理论面以及精神面都给予了道元莫大的支持和鼓舞。虽然此处，如净并未刻意贬低具足戒的意义，但菩萨沙弥并非仅受沙弥戒的沙弥，菩萨戒与具足戒同样为正传佛戒等论点，应是解答道元疑问最为合情合理的回答。即立足于中国佛教的授受戒体系，作为佛祖正传佛戒的一种，日本佛教流传的直授菩萨戒方式在理论上并非不能接受。换言之，至少就天童山景德寺住持僧如净而言，其可以理解直授菩萨戒方式并未违背佛教本来宗旨，并确有其根据可循。

　　《宝庆记》一书由道元弟子怀奘发现于道元遗物之中，并整理书写流传后世。怀奘书写原卷并无题名，因其内容为道元于宝庆元年七月二日起参问师僧如净的一些笔记内容，所以后世将之称为《宝庆记》。《宝庆记》所涉问目虽然不过四十，但所录问题皆为道元于修道求道时真正困顿之处，大致可以分为天台教理思想问题、修证因果问题、坐禅方式问题、中日佛教界各种认识不同问题等四项，其内容可信度较高，当为研究道元思想以及宋代佛教的重要原始资料。

《宝庆记》记载的如净有关菩萨戒的言论，日后对道元受戒思想形成产生的影响是巨大的。《正法眼藏》"受戒"卷之中，关于道元教团菩萨戒仪授受的理论根据，道元如是言：

> 此受戒仪必佛祖正传。丹霞天然、药山高沙弥等，同受持来矣。不受比丘戒祖师如是有之。而不受此佛祖正传菩萨戒祖师未有之，必受持也。
>
> （因《正法眼藏》原文掺有假名，此引用为江户时代本光（1710—1773）
>
> 编著汉文版《正法眼藏》，即《正法眼藏却退一字参》内容。）

道元于此，虽未明言此意源于如净，同时更加入了丹霞天然等事例，并认为相较于具足戒，佛祖正传菩萨戒更为优越。但毫无疑问《宝庆记》记载的如净所言高沙弥受戒事例才是真正巩固道元对菩萨戒作法信心的根源。

关于高沙弥事例，学界已有青龙宗二、池田鲁参、吉田道兴、晴山俊英、葛西好雄等各种研究论文可供参考。小论将基于诸位先进的各类研究，就以下三个角度作一些新的展开以及论述：

1．中国佛教所谓"高沙弥受戒"的意义。

2．道元于自说中新增丹霞天然事例的意义。

3．如净所言"菩萨沙弥"的背景以及对道元产生的影响。

一、高沙弥受戒与高沙弥不受戒

《宝庆记》的记载显示，对于道元所谓是否会因无具足戒僧腊问题而引发无法实现安居修行的忧虑，天童山景德寺三十一世住持如净以药山高沙弥不受具戒为例，判定菩萨戒之僧腊亦为佛祖正传，亦可随众安居。

如净所言高沙弥受戒之事例，古者见于《祖堂集》卷四：

> 石室高沙弥往京城受戒，恰到朗州，经过次，近药山下，路上忽见一个老人。沙弥问老人万福。老人曰："法公万福。"沙弥问："前程如何？"老人曰："法公何用忙，这里有肉身菩萨出世，兼是罗汉僧造院主，何妨上山礼拜？"沙弥才得个消息，便到药山，换衣服直上法堂礼拜和尚。师曰："从什摩处来？"对曰："从南岳来。"师曰："什摩处去？"对曰："江陵受戒去。"师曰："受戒图什摩？"对曰："图免生死。"大师曰："有一人不受戒而远生死，阿你还知也无？"对曰："既若如此，佛在世制二百五十条戒又奚为？"师曰："咄！这饶舌沙弥，犹挂着脣齿在。"师便教伊参众去。
>
> 其沙弥去库头相看主事次，道吾来，不审和尚。和尚向道吾曰："你见适来跛脚沙弥摩？"对曰："见。"师曰："此沙弥有些子气息。"吾曰："村里男女有什摩气息？未得草草，更须勘过始得。"师教侍者唤其沙弥，沙弥便上

45

来。师曰："闻说长安甚大闹，汝还知也无？"对曰："不知。我国甚安清。"师曰："汝从看经得？从人请益得？"对曰："不从看经得，亦不从人请益得。"师曰："大有人不看经亦不从人请益，为什摩不得？"对曰："不道他无，自是不肯承当。"师向道吾曰："不信道老僧不虚发言。"便下床抚背云："真师子儿。"

沙弥又辞。师问："汝向什摩处去？"对曰："住庵去。"师曰："生死事大，汝何不受戒？"对曰："<u>彼此知是一般事，唤什摩作受戒？</u>"师曰："若与摩在我身边，时复要见。"因此在药山去半里地卓庵过一生，呼为石室高沙弥也。

此后，内容稍经删补亦收录于《景德传灯录》卷一四：

高沙弥初参药山。药山问师："什么处来？"师曰："南岳来。"山云："何处去？"师曰："江陵受戒去。"药云："受戒图什么？"师曰："图免生死。"药云："有一人不受戒亦免生死，汝还知否。"师曰："<u>恁么即佛戒何用？</u>"药云："犹挂唇齿在。"便召维那云："遮跛脚沙弥不任僧务，安排向后庵著。"药山又谓云岩道吾曰："适来一个沙弥却有来由。"道吾云："未可全信，更勘始得。"药乃再问师曰："<u>见说长安甚闹。</u>"师曰："<u>我国晏然。</u>"药云："汝从看经得？请益得？"师曰："不从看经得，亦不从请益得。"

山云："大有人不看经不请益，为什么不得？"师曰："不道他无，只是他不肯承当。"

师乃辞药山住庵。药云："生死事大，何不受戒去。"师曰："知是遮般事，唤什么作戒。"药："咄，遮沙弥饶舌，入来近处住庵时，复要相见。"（此后未见于《祖堂集》内容，皆略去）

由云游四方乞求受戒到住庵不求受戒，《祖堂集》以及《景德传灯录》记载了高沙弥的思想变化，这并非是高沙弥本身思想上未经外力的突变，其师药山惟俨对其的潜移默化功不可没。虽然后世对于高沙弥的不受戒事例偶有"大悟不拘于小节"的评价（见宋梵天彦琪撰《证道歌注》），但此种近似离经叛道的行为并不能为主流佛教所赞同以及接受，除如净外，几乎未见其他禅师以及禅语录对之不受戒行为进行特意的宣扬赞叹。高沙弥之所以能够名标灯谱，其所流露出异端之面的特异性应为主要原因之一。然而既然如净提及此例，则有必要对此例在中国佛教中所处的地位及存在意义作一疏理。

近期作为高沙弥研究的论文，为学界所瞩目的有葛西好雄之《宋代佛教における沙弥戒の位置——特に高沙弥との関连において》（《宗学研究》40 号，1998 年 3 月）一文。其中引用《嘉泰会稽志》卷八事例（《宋元地方志丛书》第十册，大化书局）颇有新意：

47

开元寺昭庆戒坛，咸平四年寺僧晓原立。浮屠之法必受戒二百五十乃成为桑门。不然，虽已祝发或已说法为人师，犹谓之沙弥而已，所谓高沙弥者是也。戒坛举天下财二三所，往往行数千里受戒，其后寖多，今处处有之。会稽戒坛在开元寺，赐额曰昭庆。

葛西论文以高雄义坚《宋代佛教史の研究》（百花苑，1975）之"宋代禅门已有专以打坐修炼为主并轻视佛戒，以及仅受沙弥戒即可成为大僧之风气"（原书第十五页取意）之推测为据，兼以《嘉泰会稽志》卷八所出"高沙弥"事例为例，认为宋代已经存在沙弥兼为人师，亦可讲经说法的实例，并进而推论此种不受具戒的沙弥当时已被称为"高沙弥"，而此种"高沙弥"应并非特指药山高沙弥，或应作"高德沙弥"为解。

笔者认为，《嘉泰会稽志》卷八事例实为说明戒坛受戒之重要性而述，且毫无推崇沙弥大僧之义。另下文亦云当时戒坛已经"处处有之"，则更能反衬出不受具戒僧人岌岌可危的宗教地位。所以葛西论文以"高沙弥"为"高德沙弥"之看法应为误解。就前后行文而言，《嘉泰会稽志》之"高沙弥"所含贬义成分较大，一般理解为《祖堂集》、《景德传灯录》所言未受具戒之"药山高沙弥"更为自然。当然也不排除《嘉泰会稽志》刊行之十三世纪初，浙江会稽周边民间存在将未受具戒沙弥称为"高沙弥"的风俗，但即便如此也难判之为尊称，世间至多戏称之而已。

现存《如净语录》等资料并未收录如净自身对高沙弥的具体看法，而仅就《宝庆记》所录关于解答道元菩萨戒认识问题上如净所作的"高沙弥"言论而言，很难看出如净已有菩萨戒能够凌驾于具足戒之上的思想倾向，更多地只是其对求法心切，并欲如期安居修行的道元给予安慰以及期待。道元在宝庆年间（1225—1227）于如净门下求学，在如净的"特许"之下，后来道元完成了菩萨戒的再受，并也应同其他僧人一样，如期参加了寺院的安居修行。如净与道元之间此则谈话中所涉及的"高沙弥"，相对于世俗的贬义以及戏称，积极向上的成分更多，如净的解答并未为了一味迁就道元而脱离中国佛教的历史事实以及习惯，而道元则从如净的解答中至少找到了关于中日佛教界戒制问题的折中答案，这也为后来其撰著《正法眼藏》"受戒"卷确立了思想理论的基础。

明末莲池大师云栖袾宏（1535—1615）所编《正讹集》有"高沙弥不受戒"一文。

> 世传高沙弥不受戒，谓是天目高峰妙禅师。此讹也！师居天目千丈庵，故号高峰，元人也。彼高沙弥者，高乃姓氏，因不受具，终身以沙弥称，与药山同时，唐人也。所谓"长安虽闹，我国晏然"者是也。先后异代，有何交涉。高峰特重毗尼，僧俗受戒者千余人。何谬传如是之甚！

《正讹集》此例可知，"高沙弥不受戒"的故事在中国佛教

高沙弥不受戒

世傳高沙弥不受戒謂是天目高峯妙禪師此訛也師是天目千丈巖卷故號高峯元人也彼高沙弥者高乃姓氏因不受其緣具以沙弥稱與藥山同時眉人也所謂長安䥥鍋鑄我國是然則是也先後數代何由交涉高峯特重毘尼僧俗受戒者千餘人何謂傳如是之甚

贞享四年（1687）刊《正讹集》高沙弥不受戒部分

界，虽然几经辗转，甚至有些面目全非地流传到明代，但作为高沙弥的特征，"不重毗尼"的招牌丝毫无有动摇，高沙弥更俨然成为不受具戒僧人的代表。袾宏于文中指出，活跃于宋末元初的高峰原妙（1238—1295）被误称作不受具戒的高沙弥乃为谬传，高峰原妙不仅自身严守戒律，更为千人以上之僧俗广授戒仪，其与以沙弥身份终此一生的高沙弥不可同日而语。高峰原妙广授僧俗戒仪的事实，亦可由明代幻庵编《释鉴稽古略续集》之"高峰禅师传"所言"僧俗受戒者几数万人"得以佐证。

综上所述，笔者认为至少南宋以后的中国佛教界，对唐人高沙弥的受戒态度持赞同意见的绝非多数派，而作为比较的对象，《祖堂集》以及《景德传灯录》所述高沙弥受戒的原意更多地被人为贬抑。虽然如净的见解有其安慰及期待的一面，但其将中国禅宗青原系诸师的戒律观启示困顿的道元，功不可没。这也促成了后来道元在《正法眼藏》中重审高沙弥事例来确认大乘菩萨戒之正当地位的同时，一并加入青原系诸师如丹霞天然等事例，从而进一步完善了自身的戒律思想。

二、道元引用丹霞天然事例之意义

道元在其《正法眼藏》"受戒"卷中，称叹佛祖正传菩萨戒具有优位性以及普遍性之际，在举高沙弥之例之外，更以中国禅宗青原系第三世弟子丹霞天然（739—824）事迹为例作补充说明。而对于道元新增丹霞事例来完善自身学说的这个重要思想变化的缘由以及意义，学界至今未有相关具体研究可供参考。

日本曹洞宗僧人面山瑞方（1683—1769）之《正法眼藏涉典录》，以及瞎道本光（1710—1773）之《正法眼藏却退一字参》等后世注疏，皆仅指出丹霞事例出自《景德传灯录》卷十四，而并未深究道元引用的缘由。《景德传灯录》卷十四"丹霞章"云：

> 忽一日石头告众曰："来日划佛殿前草。"至来日，大众诸童行各备锹锄划草。独师以盆盛水净头，于和尚前胡跪。石头见而笑之，便与剃发。又为说戒法，师乃掩耳而出。

青原系第二世祖师石头希迁（700—791）某日告僧众后日除草，但唯有丹霞当天跪于希迁面前洗头。其时丹霞尚未出家，仅在寺院伙房干了三年的苦力行者。希迁见状，便顺势为之剃度，更欲广说戒仪以便完成受戒仪式。哪知丹霞竟然掩耳逃去。

作为丹霞天然重要事迹之一的此则故事，后亦为《碧岩录》七十六则以及《五灯会元》卷五等收录。虽然文中并未说明希迁欲授丹霞的是沙弥戒，还是具足戒，甚至菩萨戒，但道元在其《正法眼藏》"受戒"卷中，已经明确地将丹霞看作了逃避声闻戒法而追求佛祖正传菩萨戒法的祖师之一了。

青原行思大和尚
薬山惟儼大和尚
洞山良价大和尚
同安道丕大和尚
梁山縁観大和尚
投子義青大和尚
丹霞子淳大和尚
天童宗珏大和尚
天童如浄大和尚

石頭希遷大和尚
雲巌曇晟大和尚
雲居道膺大和尚
同安観志大和尚
大陽警玄大和尚
芙蓉道楷大和尚
長蘆清了大和尚
雪竇智鑑大和尚
永平道元大和尚

青原行思至永平道元之法脉，原载《曹洞宗日课勤行圣典》，曹洞宗宗务厅道元选择高沙弥以及丹霞的理由，除了两者皆有排斥具足戒授受的共同点之外，更重要的是中国禅宗青原行思系统对于道元在法脉继承上的重要性，而秉承青原系法脉的后世诸师对于具足戒授受的诸种见解，无疑将会对道元戒思想的再构起到绝对关键，甚至决定性的作用。

中国禅宗传至六祖慧能（638—713），便大致分为青原行思系以及南岳怀让系两大主流，道元于天童如净处秉承的法脉正是青原行思系第五世弟子洞山良价（807—869）的相传（参前页附图）。对于戒律问题的困惑，道元努力于青原行思系诸师的言行中寻求答案应该是较合理的选择。

再度分析《景德传灯录》卷一四药山惟俨与其弟子高沙弥之间关于受戒的问答可见，高沙弥与药山相见前后对于"受戒"所持态度，截然不同。高沙弥之所以自身产生思想的突变，与其师药山所言仅凭具戒授受怎能勘破生死的暗示密切相关。药山对于"具戒授受"问题又是如何考量的呢。

"祖堂集"卷四"药山章"云：

> 师讳惟俨，姓韩，绛州人也。后徙南康，年十七事潮阳西山慧照禅师。大历八年，受戒于衡岳寺希操律师。师一朝言曰："大丈夫当离法自净，焉能屑屑事细行于布巾耶。"即谒石头大师，密领玄旨。

此后的《景德传灯录》卷一四"药山惟俨章"以及《宋高

53

僧传》卷十七"药山惟俨传"内容均与《祖堂集》相同。

向来严持戒律的药山惟俨，某日悟到作为人天的导师，做到摆脱既存戒律的桎梏，进而自净其意才能达到更高的境界，不应仅为一身的法服而去遵守戒律。此后其转投石头希迁门下，终成大道。

所谓"自净"，乃是佛教最基本的原理原则，《法句经》、《涅槃经》、《大智度论》等反复宣说：

> 诸恶莫作，诸善奉行，自净其意，是诸佛教。

二百五十条具足戒固然能依靠外力警示并强制僧人不可犯戒，然而僧人自身的"自净"作用乃是任何戒思想的基础、原点，大乘戒思想的极致。被天台智顗（538—597）誉为"七佛通戒偈"的此十六字偈文，荆溪湛然（711—782）将之解释为"过现诸佛，皆用此偈以为略戒"（《法华玄义释签》卷四）。

《祖堂集》所录药山惟俨的"自净"言论，应可看作是其基于"七佛通戒偈"思想而产生的对传统戒制的抵抗意识。

青原第六世云居道膺（828—902）对于传统戒制的看法以及立场，亦与药山非常相似。《景德传灯录》卷十七"云居道膺章"云：

> 洪州云居道膺禅师，幽州玉田人也。姓王氏。童丱依师禀教，二十五受具于范阳延寿寺。本师令习声闻篇聚，乃叹曰："大丈夫岂可桎梏于律仪耶。"乃去。

云居于二十五岁受具足戒，其师命其修习五篇七聚以护持具戒，云居拂袖离去，此后其先于翠微无学（生年不详，药山惟俨之弟子）处修行，后得遇洞山良价，终于继承了中国禅宗青原系的法脉。

此外，《景德传灯录》卷二十三"龟洋慧忠"章更记载有"成佛沙弥不具戒法"的事例。龟洋慧忠（817—882）本为受具戒之青原系第七世弟子，因唐武宗废佛而被强制还俗。后唐宣宗中兴佛教，而慧忠却以"成佛沙弥，不具戒法"一句，仍以世俗之身继续持戒修行，其迁化之后，与六祖慧能同样肉身成佛，为世间僧俗所敬仰。慧忠言辞本意并非欲突出其不用遵守戒法，而应理解为其如同诸多青原系僧人那般，并不仅仅以遵守具足戒作为佛道修行的首要。

反观道元，其以高沙弥及丹霞等为例论证大乘菩萨戒之合理性、优越性之时，应该已经通过如净所言"高沙弥"的提示，充分地掌握了唐代禅林，特别是青原系统诸师的此种不以遵守具足戒为第一义的思想动向。所以《正法眼藏》"受戒"卷中，直言佛戒乃是"青原、南岳等之正传"绝非偶然，实为此种思想背景下之产物。另换一角度而言，虽如高沙弥那般直接拒绝具戒授受的行为，僧传少有记载，但接受具戒之后，并不为具戒所束缚的思潮确实暗流涌动，若隐若现地存在于唐宋期间的佛教界。所以在分析如净为何提起"高沙弥"事例，以及此后道元为何新添"丹霞等"事例之时，无疑有必要面对并接受中国禅宗青原系统诸师针对戒制度所产生的种种思想变化。

三、"菩萨沙弥"之理解

《宝庆记》中，如净赞誉"高沙弥"为禀受佛祖正传佛戒之"菩萨沙弥"。然而唐宋期中国佛教界的诸多资料中基本未见对普通僧人曾使用"菩萨沙弥"这一称呼，当时撰述的佛经疏注中也少有如此用例。如净于此使用"菩萨沙弥"，是否是仅仅为了迎合道元"菩萨戒沙弥"的身份而作的言词上的安慰，还是另有其他意图，诸般疑问有待进一步探讨。

诸多佛经之中，唯有《法华经》"化城喻品"有提及"菩萨沙弥"这一称呼。大通智胜如来之俗世十六子以童子身出家，被称作"十六菩萨沙弥"。此十六菩萨沙弥于大通智胜如来处听闻信受《法华经》，此后又于大通智胜如来入定之八万四千劫之间，为大众广说《法华经》，最后以沙弥之身得以成佛。此则记载也是佛教经典中较少见的"沙弥成佛"的例子。所以，《法华经》的例证应该是如净使用"菩萨沙弥"这一说法的根据所在。

此外，《法华经》所言"菩萨沙弥"其实也是"成佛沙弥"，如净于此似乎亦有暗示了青原系第七世弟子慧忠曾有"成佛沙弥不具戒法"言论的可能。在"四重楼阁"戒制根深蒂固的宋代，虽然如净自身在行为上很难甚至不可能去刻意贬低或摒弃具足戒，但在思想上，特别是中国禅宗青原系诸先哲的种种戒律言论的影响之下，如净不可能仅以具足戒授受的有无，来作为衡量僧人修行品德的准绳，这也是其能够较客观地在菩萨戒授受问题上接受日僧道元的关键。

然而道元本人在其所有著作中从未提到过"菩萨沙弥"这样的说法，而类似场所多以"佛子"二字来取代。其理由虽然无从考证，但笔者推测，单就菩萨戒授受问题而言，道元有可能会考虑到为了与日本天台之受戒作法划清界限，而故意去摒弃一些容易混淆的既存概念。

日本天台宗开祖最澄撰《山家学生式》中云：

> 凡法华宗天台年分。自弘仁九年，永期于后际。以为大乘类，不除其籍名，赐加佛子号。授圆十善戒，为菩萨沙弥，其度缘请官印。
>
> 凡大乘类者，即得度年，授佛子戒为菩萨僧，其戒牒请官印。受大戒已，令住叡山一十二年。不出山门，修学两业。

最澄的《山家学生式》表明，受十善戒的菩萨沙弥与受三聚净戒的菩萨僧是阶级完全不同的概念。此与如净所说的成佛沙弥性质的"菩萨沙弥"有天壤之别，于比叡山度过少年时代，并曾是日本天台宗僧人的道元，没有理由不知道《山家学生式》所说"菩萨沙弥"的含义。道元刻意回避使用"菩萨沙弥"的事实，也从另一角度可以推测道元对于源于天台教学的戒律思想持较为谨慎的态度，而对于日本天台的一些戒律概念则更保持了一定的距离以示区别。

结

综上所述，小论就高沙弥事例以及中国禅宗对于道元所产生的影响结论如下：

1．高沙弥不受具戒之例，在宋代之后的中国佛教界绝非称颂的模范，反而更接近不接受具戒恶僧的典型。不能因如净的言论而断言当时的佛教界在行为上甚至思想上，已普遍开始轻视具戒。

2．如净所说高沙弥事例，对于道元戒律思想的再构意义重大。就道元而言，高沙弥事例已非中国禅宗个别例外的存在，在其把握了青原系诸时代僧人都存有不以具足戒为第一义的思想动向之后，一种源于天台菩萨戒思想，又有中国禅宗青原系大乘戒思想支撑的菩萨戒授受仪式逐渐成型。

3．道元回避使用如净所说"菩萨沙弥"一语，显示其与日本天台部分既成概念保持距离的决心。然而天台教理思想与道元的戒观关联密切，道元如何接受天台教理思想并融入自身戒观，将在今后作进一步的论述。

（日文原刊曹洞宗综合研究中心《宗学研究》45 号，2003 年 3 月。编译于2013 年 5 月 13 日）

附记：读书研究会

　　留学日本期间，课余常常会参加一些由学者同仁因共同兴趣而召开的读书研究会，其中曾经较频繁地出席的有驹泽大学石井修道教授主持的每周一次的晚间读书会，东京大学东洋文化研究所丘山新教授主持的每月一次的禅籍读书会，驹泽大学小川隆教授主持的历时八年的《真字正法眼藏》读书会，以及道教学者召开的每月一次的道教文化研究会等。持续一年左右参加的有京都花园大学举办的《景德传灯录》读书会以及东京大学史料编纂所田中博美教授主持的《梦中问答集》读书会等等。

　　这篇有关高沙弥的论文，虽然有很多不足之处，当年或许是出于来自学术界的鼓励，2003 年 10 月得到了曹洞宗宗学研究奖励赏。记得某天晚上，突然接到宗学研究所的熊本教授来电通知得奖，并要求准备简短谢辞，同时关照勿忘感谢数年前过世的宗学研究所前任所长镜岛元隆博士（1912—2001，驹泽大学前总长）。后来才知道镜岛元隆博士是用其个人财产并以宗学研究所的名义创立了这个曹洞宗宗学研究奖励赏，目的是用来鼓励后学。而近年来我在曹洞宗学研究方面建树甚微，实在是愧对当时评审委员会诸教授对我的期待。

　　这篇论文的创作灵感，我觉得很多要素得益于东京大学东洋文化研究所丘山新教授主持的每月一次的禅籍读书会，当时读的正是《祖堂集》的石头希迁系统诸僧部分。石头希迁所著

《参同契》，不仅中国禅宗，日本曹洞宗亦将之作为重要经典每日唱诵，然而其思想却难解处甚多，至今仍为学界尚待继续揭明之课题。读书会上，因各种意见纷呈，所提例证又需进一步验证讨论，往往是几个小时下来竟不能读完三行文字。然而正是此种议论多于统一，甚至双方固执己见、相持不下的研究方式，也为与会的学者提供了更多更广的视野以及研究可能性。本论文之"道元引用丹霞天然事例之意义"一节，虽自称论前人之所未论，但事实上很多素材与想法皆来源于《祖堂集》读书会的那看似纷杂的意见争执之中。

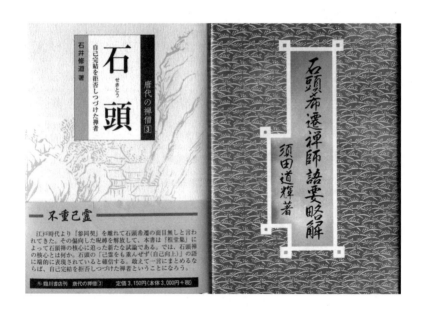

石头希迁思想的研究专著并不多，须田道辉著《石头希迁禅师语要略解》（曹洞宗宗务厅，1987）是当时写作论文时使用较多的参考书。石井修道著《石头》则是 2012 年的作品，是最新的研究成果。

（记于 2013 年 6 月 3 日）

道元《宝庆记》

林鸣宇　整理校订

凡例：

本资料以爱知县丰桥市全久院藏怀奘亲书卷轴本《宝庆记》为底本，另参校笔者恩师池田鲁参著《宝庆记》（大东出版社，1989）所录《宝庆记》原文再次校订整理而成。下线处为原文明显别字错简，【　】内为对应下线处所作最小限度之订正。序数编号、改行断句由校者重施。

宝庆记

1　"道元幼年发菩提心，在本国访道诸师，聊识因果之所由。虽然如是，未明佛法僧之实归，徒滞名相之怀慓。后入千光禅师之室，初闻临济之宗风。今随全法师而入炎宋，航海万里，任幻身于波涛，遂达大宋，得投和尚之法席，盖是宿福之庆幸也。

和尚大慈大悲，外国远方之小人所愿者，不拘时候、不具威仪，频频上方丈，欲拜问愚怀。无常迅速，生死事大。时不待人，去圣必悔。

本师堂上大和尚大禅师，大慈大悲，哀愍听许道元问道问法。

伏冀　慈照。"　　　　　　　　　小师道元百拜叩头上覆。

"元子参问，自今已后不拘昼夜时候、着衣衩衣，而来方丈问道无妨。老僧一如亲父恕无礼也。"　　太白某甲。

2 宝庆元年七月初二日，参　方丈。

道元拜问："今称诸方教外别传而为祖师西来之大意，其意如何？"

和尚示云："佛祖大道，何拘内外。然称教外别传，唯摩腾等所传之外，祖师西来亲到震旦传道授业，故云教外别传也。世界不可有二佛法也。祖师未来东土，东土有行李而未有主。祖师既到东土，譬如民得王也。当尔之时，国土、国宝、国民，皆属王也。"

3 道元拜问："今诸方古今长老等云：'闻不闻，见不见，直下无一点计较，乃佛祖道也。'是以竖拳竖拂，放喝行棒，教学者无一卜度。遂则不问佛化之始终，无期二生之感果之等。如是等类可为佛祖之道耶？"

和尚示云："若无二生者，实是断见外道也。佛佛祖祖为人

63

设教，都无外道之言语。若无二生，乃不可有今生也。此世既存，何无二生！我傥久是佛子，何等外道！又如教学人直下无第二点者，佛祖一方之善巧方便也，非为学人而无所得也。若为无所得，不可参问善知识也，诸佛不出世也。唯要直下见闻便了，更无信及更无修证者，北州岂不得佛化耶！北州岂无见闻觉知耶！"

4 拜问："古今善知识曰：'如鱼饮水，冷暖自知。此自知即觉也，以之为菩提之悟。'道元难云：'若自知即正觉者，一切众生皆有自知。一切众生依有自知，可为正觉之如来耶？'或人云：'可然，一切众生，无始本有之如来也。'或人云：'一切众生不必皆是如来。所以者何？若知自觉性智即是者，即是如来也。未知者，不是也。'如是等说，可是佛法否？"

和尚示曰："若言一切众生本是佛者，还同自然外道也。以我、我所比诸佛，不可免未得谓得、未证谓证者也。"

5 拜问："学人功夫辨道之时，有应须习学心意识、并行住坐卧乎？"

和尚示诲曰："祖师西来，而佛法入振旦，岂无佛法之身心乎。第一初心辨道功夫时，

不可长病。

不可远行。

不可多读诵。

不可多谏诤。

不可多营务。

不可食五辛。

不可食肉。

不可多食乳并蜜等。

不可饮酒。

不可食诸不净食。

不可听伎乐歌咏等声。

不可见诸舞妓。

不可见诸残害等。

不可见诸卑丑事谓男女淫色等。

不可亲近国王大臣。

不可食诸生硬物。

不可着垢腻衣。

不可历见屠所。

不可吃久损山茶及风病药天台山有。

莫吃诸椹。

莫视听名利之事。

莫多吃乳并苏蜜等。

莫亲厚扇搋、半荼迦等类。

莫多吃梅干及干栗。

莫多吃龙眼、荔枝、橄榄等。

莫多吃沙糖、霜糖等。

莫着厚绵袄，又莫不着绵。

莫吃兵军食。

莫往观喧喧之声、轰轰之声、猪羊等之群。

莫往观大鱼及大海、恶画傀儡等。寻常应观青山潊水。

直须古教照心，又见了义经。

坐禅辨道衲僧，寻常直须洗足。

身心恼乱之时，直须黯诵《菩萨戒序》。"

问云："菩萨戒何耶？"

和尚示曰："今隆禅所诵《戒序》也。"

"莫亲近小人卑贱之辈。"

拜问云："何者是少【小】人？"

和尚示云："贪欲多者，便是少【小】人也。"

"莫饲虎子象子等，并猪狗猫狸等。今诸山长老等养猫儿，真个不可也！暗者之为也！凡十六恶律仪者，佛祖之所制也。慎勿放逸惯习矣。"

6 拜问："《首楞经》、《圆觉经》，在家男女读之，以为西来祖道。道元披阅两《经》，而推寻文之起尽，不同自余之大乘之诸经。未审其意。虽有劣诸经之言句，全无胜于诸经之义势耶，颇有同六师等之见。毕竟如何决定？"

和尚示曰："《楞严经》自昔有疑者也。谓此《经》后人构钦。先代祖师未曾见《经》也。近代痴暗之辈，读之爱之。《圆觉经》亦然，文相起尽颇似也。"

66

7 拜问："烦恼障、异熟障、业障等障，佛祖之道处耶？"

和尚云："如龙树等祖师之说，须保任也。不可有异途之说。但至业障者，殷勤修行之时必可转也。"

8 拜问："因果必可感耶？"

和尚示曰："不可拨无因果也。所以永嘉曰：'豁达空拨因果，莽莽荡荡招殃祸。'若言拨无因果者，佛法中断善根人也，岂是佛祖之儿孙耶！"

9 拜问："今日天下长老，长发长抓【爪】，有何据？将称比丘，颇似俗人。将名俗人，又如秃儿。西天东地正法像法之间，佛祖弟子未尝如斯。如何？"

和尚示曰："真个是畜生也！佛法清净海中死尸也。"

10 和尚或时召示曰："你是虽【疑衍字】后生，颇有古貌。直须居深山幽谷，长养佛祖圣胎。必至古德之证处也。"

于时，道元起而设拜和尚足下。

和尚唱云："能礼所礼性空寂，感应道交难思议。"

于时，和尚广说西天东地佛祖之行履。

于时，道元感泪沾襟。

11 堂头和尚于大光明藏示曰："行李交众之时，裙裤之腰条皆强紧结之也。稍经多时，更不无无力之劳也。"

12 僧家寓僧堂功夫最要，直须缓步。近代诸方长老，不知人多也，知者极少。缓步以息为限而运足也。不观脚跟，然不躬不仰而运步也。傍观见之，只如立一处也。肩胸等不可动摇振也。

和尚度度步大光明藏，向于东西教道元见。便示曰："近日知缓步者，只老僧一人而已。你诚【试】问诸方长老看，必竟他未曾知也。"

13 拜问："佛法以何为性？善性、恶性、无记性之中，何乎？"

堂头和尚示曰："佛法超越三性而已。"

14 拜问："佛佛祖祖之大道，不可拘一隅，何强称禅宗耶？"

堂头和尚示曰："不可以佛祖大道猥称禅宗也！今称禅宗，颇是浇运之妄称也，秃发之小畜生所称来也。古德皆所知也，往古之所知。你曾看石门《林间录》么？"

道元曰："未曾看经。"

堂头和尚云："你看一遍好。彼《录》说得是也！大凡世尊大法，单传摩诃迦叶，嫡嫡相承廿八世，东土五传而至曹溪，乃至今日如净。则佛法之总府也，大千沙界更无可齐肩者也。而今讲得三五本经论，以肩各各之家风之徒，乃佛祖之眷属也。眷属而有内外亲疏之高低也。"

道元拜问云："既为佛祖之眷属，彼辈发菩提心，访得真善

68

知识也。何抛年来之所学，忽投佛祖之丛席，而昼夜辨道哉？"

堂头和尚云："西天东地，抛积年之所辨而进也！譬如人间，上丞相之朝不兼谏议。然而教其子孙之日，又施谏议之进退者也。佛祖之学道，亦复如是。虽因谏议等之清廉上丞相，丞相之日无谏议之议，谏议之日不议丞相之仪。但所学者，皆是治国安民之忠行也。忠节是一心也，更非二心。"

道元拜覆云："诸方长老等所说皆以未曾知佛祖之道，明矣。今明知佛祖实是世尊之嫡嗣，今日之法王也。三千之调度，法界之缘边，皆是佛祖之所王，更不可有二王也。"

堂头和尚示曰："如汝之所言。汝须知！西天未闻两附嘱法藏。东土自初祖至六祖，无两传衣。所以大千之佛道，佛祖为本也！"

15 堂头和尚示曰："参禅者，身心脱落也。不用烧香、礼拜、念佛、修忏、看经，只管打坐而已。"

拜问："身心脱落者何？"

堂头和尚示曰："身心脱落者，坐禅也。只管坐禅时，离五欲、除五盖也。"

拜问："若离五欲、除五盖者，乃同教家之所谈也。即为大小两乘之行人者乎？"

堂头和尚示曰："祖师儿孙，不可强嫌大小两乘之所说也。学者若背如来之圣教，何敢佛祖之儿孙者欤！"

拜问："近代疑者云：'三毒即佛法，五欲即祖道。若除彼等，即是取舍，还同小乘。'"

堂头和尚示曰："若不除三毒五欲等者，一如瓶沙王国阿阇世国之诸外道辈。佛祖之儿孙，若除一盖一欲，则巨益也。与佛祖相见之时节也！"

16 拜问："长沙和尚与皓月供奉问论'业障本来空'之道理。道元疑云：'若业障空，余二异熟障、烦恼障亦应空耶？不可独论业障之空不空耶？'况乎皓月问：'如何是本来空？'长沙云：'业障是。'皓月云：'如何是业障？'长沙云：'本来空是。'今长沙之所道，为是也无？佛法若如长沙之道，何有诸佛出世、祖师西来耶？"

堂头和尚老师大禅师示曰："长沙道，终不是也！长沙未明三时业也。"

17 拜问："古今善知识皆曰：'须看了义经，莫看不了义经。'如何是了义经？"

堂上和尚示曰："了义经者，世尊说本事、本生等之《经》。其往昔缘，或说名字未说其姓，虽说住处未说寿命，则未了义也。说了劫国、名姓、寿命、眷属、作业、奴仆等，无不说事，名'了义'也。"

拜问："纵虽一言半句，说了道理，可名'了义'。如何唯以广说，名'了义'也。纵说悬河之辩，若未明义理，须名不了义经耶？"

70

堂头慈诲曰："汝言非也。世尊所说广略，俱尽道理也。纵广说究尽道理，纵略说究尽道理。于其义理，无不究竟。乃至圣默、圣说，皆是佛事。所以光明为佛事，饭食为佛事，生天、下天、出家、苦行、降魔、成道、维卫、涅槃尽是佛事。见闻众生俱得利益也。所以须知，皆'了义'也。于其法中，说了其事，名了义经，乃佛祖法也。"

道元白："诚如和尚慈诲保任，乃佛法祖道。诸方长老之说并日本国古来闲人之说，无道理也！道元皆【昔】所知于未了义之上计了义，今日于和尚之轮下，始知了义经之向上有了义经，明矣！可谓，亿亿万劫，难值难遇！"

18 拜问："昨夜三更，和尚普说云：'能礼所礼性空寂，感应道交难思议。'虽有深意，难可解了。浅识所及，非无所疑。谓'感应道交'之道理，教家亦谈，有可同于祖道之理耶？"

堂上和尚大禅师慈诲云："你须知'感应道交'之所致。若非感应道交，诸佛不出世，祖师不西来。又不可以经教为怨家。若以从来之佛法为非者，可用圆衣方器也。未用圆衣方器，须知必定感应道交也。"

19 拜问："先日谒育王山长老大光之时，聊难问次。大光曰：'佛祖道与教家谈，水火也，天地悬隔。若同教家之所谈者，永非祖师之家风。'今大光道，是耶？非耶？"

堂头慈诲曰："唯非大光一人有妄谈，诸方长老皆亦如是。

诸方长老岂明教家之是非耶！那知祖师之堂奥耶！只是胡乱做来长老而已。"

20 拜问："佛法元有文殊结集、阿难结集两途。谓大乘诸经则文殊结集，小乘诸经则阿难结集。而今何摩诃迦叶独为附法藏之初祖？文殊不作附法之嫡嗣乎？何况文殊乃释尊等之诸佛之师也，那不足为附法藏之初祖耶？今称如来'正法眼藏、涅槃妙心'，恐是小乘声闻一途之法耶？如何？"

堂头慈诲曰："如汝所言，文殊是诸佛之师也，所以不充附法藏之嫡嗣也。若是弟子，必充附法仁也。又言'文殊结集'者，一意也！非常途之说！况乎文殊岂不知小乘之教、行、人、理乎！阿难已结集大小二乘，又阿难但是多闻之人也，所以结集如来一代之说教而已。迦叶乃一化之上座也，最上座也，最胜之祖也，所以附法藏者欤。纵虽附文殊，又可有此疑也。直须信知诸佛法如斯，不可致彼此疑矣。"

21 堂头和尚夜话云："元子，你知在椅子着袜之法也无？"
道元揖白云："如何得知？"
堂头和尚慈诲云："僧堂坐禅时，在椅子着袜时，以右袖掩足趺而着也。所以免无礼圣僧也。"

22 堂头和尚慈诲曰："功夫辨道坐禅时，莫吃胡菰。胡菰发热也。"

72

堂头慈诲曰："不可在当风之处而坐禅。"

堂头和尚慈诲曰："起于坐禅而步时，须行'一息半趺'之法。谓'移步不过半趺量，移足必经一息间'也。"

23 堂头和尚慈诲曰："上古禅和子皆着褊衫也，间有着直缀者。近来都着直缀，乃浇风也。你欲慕古风，须着褊衫。今日参内里僧必着褊衫。传衣时、受菩萨戒时，亦着褊衫。近来参禅僧家，谓着褊衫是律院兄弟服者，乃非也！不知古法人也！"

堂头和尚慈诲曰："如净住院以来，不曾着斑袈裟也。近代诸方非长老【疑衍字】仪长老，只管着法衣随众、如无实证！所以如净不曾着法衣也。"

"世尊一代唯着粗布僧伽梨胝衣而已，不着余美衣也；又不可强着粗恶衣，强着粗恶衣又是外道也。称'钦婆罗子'乃是也。然则佛祖儿孙着可着之衣者也，不可执一偏而担板也。又营衣者，少【小】人也。粪扫，古踪也。可知！可知！"

24 拄香拜问："世尊授传金襕袈裟于摩诃迦叶是何时耶？"

堂头和尚慈诲曰："你问这个事最好也！个个人不问这个，所以不知这个乃善知识之所苦也！我曾在雪窦先师处尝问这个事，先师大悦也。世尊最初见迦叶来归依，即以佛法并金襕袈裟附嘱摩诃迦叶，为第一祖也。摩诃迦叶顶受衣法、昼夜头陀、未尝懈怠、未尝尸卧、常戴佛衣、作佛想塔想而坐禅也。摩诃迦叶，古佛菩萨也！世尊也！世尊每见摩诃迦叶来，便分半座而座也。迦叶尊者具三十相，唯欠白毫乌瑟而已。所以与佛并座一座，人天之乐见也。凡神通智慧、一切佛法，受佛附嘱，无所缺减也。然则迦叶见佛之最初，得佛衣佛法也。"

25 拜问："天下有四个寺院，谓禅院、教院、律院、徒弟院。禅院者，佛祖之儿孙单传嵩山之面壁而功夫，正法眼藏、涅槃妙心留在这里。诚是如来之嫡嗣，佛祖之总府也。余者乃枝离也，更不可齐肩而对论欤。教院者，天台教观也。智者禅师独为南岳思禅师之一子，而禀承一心之三止三观，得法华三昧旋陀罗尼。可谓'或从知识'，宛是'或从经卷'也！道元遍观经论师之见解，解了一代之经律论，独智者禅师最胜。可谓'光前绝后'。南岳思大和尚禀法于北齐之慧闻，思大和尚发心触发根本禅矣。慧闻禅师当初背手探经，得龙树所造《中观论》，初立'一心三观'。自尔以来，天下教院之所宗皆是天台教也。慧闻禅师虽依《中观论》，唯披所造之论文，未遇能造之龙树，亦未曾蒙龙树之印可也。况乎寺院之规矩、伽蓝之屋舍，用否之处，咨诀未备。今天下教院或构十六观之室，彼十六观者出于《无量寿经》，彼经真伪未详，古今学者之所疑也。天台之'一心三观'，岂等西方之一十六观乎。彼者带权之教也，是者显实之说也。天地悬隔，水火相犯。想是大宋学者未明天台之教观，猥用一十六观之带权欤。明知教院不可传佛在世之寺仪，天台已前诸寺定传摩腾竺兰之所传欤。律院者，南山之蓝【滥】觞也。南山未曾入西乾之大邦，才披阅东渐之零文而已。

74

设闻天人之传说，岂如贤圣之亲训。所以今称律院，堂舍殿屋、鳞次栉连之结构，学者行人多疑之矣。今称禅院，天下之甲刹、诸山之大寺也。容众余千，屋舍余百。前楼后阁，西廊东庑，宛如皇居，此仪必是佛祖面授口说。构可构，建可建，不可丰屋为先者欤。朝参暮请，定为初祖直指，不可比依文解义之辈也，以是仪可为正欤。道元所疑者，我佛世尊出现世间，必依古佛之仪式。所以世尊一日告阿难：'汝须七佛之仪式'。然则七佛法乃是释迦牟尼佛法也。释迦牟尼佛法乃七佛法也。自尔以降，二十八传而至菩提达磨尊者。尊者亲到震旦，正传正法，救济迷情。五传而至曹谿。曹谿二神足青原、南岳之儿孙，今称善知识，而代佛扬化。其所住之处僧伽蓝，可为佛法之正嫡，更不可比论经、律等之寺院者也。譬如国无二主者哉。幸乞慈照。"

道元咨目百拜拄香上覆

堂上和尚大禅师　_{尊前}

堂头和尚慈诲曰："元子来书甚是！说得是也！往古未闻教律禅院之闲名。今称三院者，便是末代之浇风也。王臣不知佛法，乱称教僧、律僧、禅僧等；寺院赐额之时，亦书律寺、教寺、禅寺等之字。如是展转，天下今见五辈之僧。所谓律僧，南山之远孙也。教僧，天台之远孙也。输【瑜】伽僧，不空等之远孙也。徒弟僧，师资未详也。禅僧，达磨儿孙也。可怜末代边地，见如是辈。西天虽有五部，一佛法也。东地五僧，如

75

不一佛法也。国若有明王，不可有如是违乱。汝当知，今称禅院寺院图样仪式，皆是祖师之亲训，正嫡之直传也。所以七佛之古仪，唯是禅院。称禅院者虽乱称，今所行之法仪实是佛祖之正传也。然乃吾寺者，本府也！律教者，枝离也！所以佛祖是法王也。国主即位，王于天下，一切皆属王也。"

26 堂头和尚慈诲曰："佛祖儿孙，先除五盖，后除六盖也。五盖加无明盖，为六盖也。唯除无明盖，即除五盖也。五盖虽离，无明盖未离，未到佛祖修证也。"

道元便礼拜拜谢，叉手白："前来未闻今日和尚指示，这里个个老宿耆年云水兄弟都不知，又不曾说。今日多幸，特蒙和尚大慈大悲，忽蒙未尝闻处，宿殖之幸。但除五盖六盖，有其秘术也无？"

和尚微笑曰："你向来作功夫作甚么？这个便是离六盖之法也。佛佛祖祖，不待阶级，直指单传，离五盖六盖、呵五欲等也。只管打坐作功夫，身心脱落来，乃离五盖五欲等之术也。此外都无别事。浑无一个事，岂有落二落三者也！"

27 拜问："和尚住院已来，不曾搭法衣。意旨如何？"

和尚慈诲曰："吾做长老后，不曾着法衣也。盖乃俭约也。佛及弟子欲着粪扫衲衣，欲用粪扫钵盂也。"

道元又白："诸方着法衣，既非俭约，犹滞少贪。但如宏智古佛着法衣，不可言非俭约也。"

和尚慈诲曰："宏智古佛着法衣，乃俭约也，又是有道也。你乡里日本国里，你着法衣无妨也。我这里我不着法衣，是为不同诸方长老贪衣之弊也。"

28 和尚或时示曰："罗汉、支佛之坐禅虽不着味，阙大悲故，不同佛祖大悲为先、誓度一切众生之坐禅也。西天外道亦坐禅也，虽然，外道必有三患，谓着味、谓邪见、谓骄慢，所以永异佛祖坐禅也。又声闻中亦有坐禅，虽然，声闻慈悲乃薄，于诸法中不以利智毋【贯】通诸法实相，独善自身，断诸佛种，所以永异佛祖坐禅也。谓佛祖坐禅，从初发心，愿集一切诸佛法。故于坐禅中不忘众生，不舍众生，乃至昆虫，常给慈念，誓愿济度，所有功德回向一切。是故佛祖常在欲界坐禅辨道。于欲界中，唯瞻部州最为因缘，世世修诸功德，得心柔软也。"

道元拜白："作么生是得心柔软？"

和尚示："辨肯佛佛祖祖身心脱落，乃柔软心也。唤这个作佛祖心印也。"

道元礼拜六拜。

29 堂上和尚慈诲曰："法堂法座南阶东西有师子形。各向阶，但面少向南也。其色白也。全体可白，发及身尾皆白也。近代虽作白师子，犹有青发，甚不知师承也！发以下至尾皆白也。法座上盖莲花盖也。如莲花覆于地，乃是莲花盖也。八角也，有八面镜，有八幡，幡端每角悬铃。花叶五重，每叶悬铃。

77

一如当山法座之盖也。"

30 道元咨目百拜白："适承和尚《风铃颂》末上句云：'浑身似口挂虚空。'落句云：'一等与他谈般若。'所谓'虚空'者，可谓'虚空色'耶？疑者必定谓'虚空色'。近代学者未晓佛法，认青天而为虚空，真可怜悯也。"

堂头和尚慈诲云："谓'虚空'者，般若也，非虚空色之'虚空'。谓'虚空'者，非有碍也，非无碍也。所以非单空之空，非偏真之真。诸方长老，色法尚未明，况能晓空乎。我个里大宋佛法衰微，不可言也。"

道元拜禀："和尚《风铃颂》，最好中之最上。诸方长老纵经三祇劫亦不能及也。云水兄弟个个顶载【戴】。道元出来于远方之边土，虽寡闻少见，今披《传灯》《广灯》《续灯》《普灯》及诸师《别录》，未曾得有如和尚《风铃颂》。道元何幸，今得见闻，欢喜踊跃，感泪湿衣，昼夜叩头而顶戴也。所以然者，端直而有曲调也。"

堂上和尚将乘轿之时，含笑示曰："你道深有拔群之气宇。我在清凉做这个《风铃颂》，诸方虽赞叹，而未尝说来如斯也。我天童老僧许你有眼，你要做颂，便恁地做！"

31 堂头和尚夜间示道元："生死流转之众生，若发心求佛，即是佛祖之子也。余及一切众生亦乃诸佛之子也。虽然如是，莫寻父子之最初也。"

32 堂头和尚示道元云："坐禅时舌拄上颚，或括当门板齿亦得。若四五十来年惯习坐禅，浑不会低头瞌睡者，闭眼目坐禅无妨。如初学未惯者，开目坐也。若坐久疲劳，改右改左无妨。此乃从佛直下仅五十世正传有证也！"

33 拜问："日本国并本朝疑者云：'今禅院禅师之所弘通坐禅，颇小乘声闻之法。'此难云何遮耶？"

堂头和尚慈诲云："大宋日本疑者所难，实未晓了佛法也。元子须知！如来正法出过大小两乘之表。虽然古佛慈悲落草，遂施大乘小乘之授手方便也。元子须知！七【疑为"大"字】乘者，七枚菜饼也。小乘者，三枚糊饼也。况复佛祖本无空拳诳小儿也。黄叶黄金，随宜随授。授记弄匙，无空度光阴也。"

34 堂头和尚慈诲云："吾见你在僧堂被位昼夜不眠坐禅，得甚好！你向后必闻美妙香气世间无比者也，此乃吉瑞也。或当面前如滴油落地者，吉瑞也。若发种种触，亦乃吉瑞也。直须救头燃坐禅辨道！"

35 堂头和尚示曰："世尊言：'闻思犹如处于门外，坐禅直乃归家稳坐。'所以坐禅乃至一须臾一刹那，功德无量。我三十余年与时功夫辨道，未曾生退。今年六十五岁，至老弥坚。你还如是辨道功夫，宛是佛祖金口之记也。"

36 堂头和尚慈诲云："坐禅时莫倚壁及屏风、禅椅等，若倚教人生病也。直须正身端坐，如《坐禅仪》，慎莫违背！"

堂头和尚示云："起从坐禅欲经行者，不得绕步，直须直步。若二三十许步欲回，必右回，莫左回。欲移步，先移右足，左足乃次。"

堂头和尚慈诲云："如来起从坐禅而经行之迹，今现在于西天竺邬苌那国。净名居士室犹今现在，祇园精舍础石未淹。如是圣迹，若人到此度量之时，或修、或短、或延、或促、未有其定，乃佛祖之闹聒聒也。须知！今日东渐钵盂、袈裟、拳头、鼻孔，亦乃人不可测度之者也！"

道元起坐速礼，叩头于地，欢喜落泪。

37 堂头和尚慈诲云："坐禅时安心诸处，皆有定处。又坐禅时安心于左掌上，乃佛祖正传之法也。"

38 堂头和尚慈诲云："药山之高沙弥，不受比丘具足戒也，非不受佛祖正传之佛戒也！然而搭僧伽梨衣，持钵多罗器，是菩萨沙弥也。排列之时，依菩萨戒之腊，不依沙弥戒之腊也，此乃正传之禀受也。你有求法之志操，吾之所欢喜也。洞宗之所托，你乃是也！"

39 道元拜问："参学，古今佛祖之胜躅。初心发明之时虽似有道，集众开法之时如无佛法。又初发心时虽似无所悟，开法演道之时颇有超古之志气。然则为用初心得道？为用后心得道？"

堂头和尚慈诲云："你之所问，是世尊在世，菩萨声闻问于世尊之问也。又西天东地，古今正传之指示有之。所谓：'若法不增不减，云何得菩提？唯佛能尔，何关菩萨？'问也。疑也。佛佛祖祖正传云：'不但初心，不离初心。'为甚恁么？'若但初心得道，菩萨初发心，便应是佛。'是乃不可也！'若无初心，云何得有第二第三心，第二第三法。'然则后以初为本，初以后为期。'今以现喻，喻此初后。譬如焦炷，非初不离初，非后不离后。'不退不转，非新非古，非自非他也。'灯喻菩萨道，炷喻无明，焰如初心相应智慧。'佛祖修习一行三昧，'相应智慧，焦无明惑，非初非后，不离初后。'乃佛祖正传之宗旨也！"

建长五年癸丑十二月十日，在于越宇吉祥山永平寺方丈而书写之。

右先师古佛御遗书之中在之。

草始之，犹在余残软。恨者不终功，悲泪千万端。　　怀奘

正安元年己亥十一月廿三日冬至明日，于越州大野宝庆寺初拜见。开山存日虽许之，于今延迟。今正是时也。而今得圣王发中之明珠，大幸之中大幸也。欢喜千万，感泪湿襟而已。　　　　　　　　　　　义云

癸丑与己亥之间四十七年。

81

成立背景所析《佛祖正传菩萨戒作法》之意义

本论文以日本曹洞宗古来传持之《佛祖正传菩萨戒作法》、《教授戒文》等受戒方法仪式作为考察对象。

宝庆元年（1225）九月十八日，日后开创日本曹洞宗的道元（1200—1253）于浙江明州天童山景德禅寺如净（1163—1228）室中受菩萨戒。而关于此次得授菩萨戒的方式方法以及仪式的顺序，道元作了详细的记载记录，后世称之为《佛祖正传菩萨戒作法》以及《教授戒文》，长期以来为日本曹洞宗僧众所传持。

如净授与道元的菩萨戒的方式方法以及戒律思想，是否与宋朝流行的授菩萨戒方式方法以及当时僧众的戒律研究内容相一致？以及是在如何的历史背景下产生了《佛祖正传菩萨戒作法》？这些将被作为议论的中心来加以分析。

一、《佛祖正传菩萨戒作法》之成立背景

第一，简析唐宋代律宗状况

中国自佛教传入，教众对于戒律思想的研究始于罗什等所率先译出的《十诵律》，而此后由佛陀耶舍等译出的《四分律》则以其内容完整且易解，取代了《十诵律》的地位成为佛教界戒律研究的中心。有唐一代，所谓研究四分律之教团大致有三，即道宣（596—667）所创之南山律，法砺（569—635）所创之相部律，怀素（624—697）所创之东塔律。其中道宣的南山律虽以小乘法藏部所传四分律为主旨，然其同时视四分律为分通大乘，所著戒律疏作不仅立足于四分律，且多以大乘思想诠释，并未刻意去区别大小二乘之律仪。

唐代律宗之传灯，虽有东塔、相部、南山三派，而时至唐末五代以及北宋，却仅仅存南山一脉。北宋初期，天台僧人亦重视南山律学，曾师从天台山家派神照系神悟处谦（1011—1075）的元照（1048—1116）与同一时代的允堪（1005—1061），都是北宋律学研究的佼佼者。元照曾于元符三年（1100）重编智圆、仁岳、允堪三者所著《南山祖师礼赞文》（现收录于续藏经一三〇册），纪念道宣的功绩。而这也从另一侧面显示了北宋注重教理思想的僧人对于南山律学的遵从以及承袭。允堪曾著有《四分律行事钞会正记》，元照亦著有《四分律行事钞资持记》，两者从不同角度对南山律学的思想作了发展和变革，由此宋代被称作南山律学再兴的时代并不为过。而南山律与天台

教义的融合也为菩萨戒作法的再度东渐提供了新的理论基础。

第二，宋代菩萨戒之研究状况

宋代僧人对于大乘菩萨戒的实际授受作法以及具体思想意义留下了较多的文献记录。

其中有四种为授受作法，分别是：

1. 延寿（904—975）的《受菩萨戒法》（续藏一〇五）

2. 知礼（960—1028）的《授菩萨戒仪》十二科（正藏四六《四明尊者教行录》卷一）

3. 遵式（963—1032）的《授菩萨戒仪式》十科（续藏一〇一《金园集》卷上）

4. 元照（1048—1116）的《授大乘菩萨戒仪》（续藏一〇五《芝苑遗编》卷中）

两种为《菩萨戒经》的注解，分别是：

1. 慧因（11—12世纪）的《注梵网经》（续藏六〇）

2. 与咸（？—1163）《梵网菩萨戒经疏注》（续藏五九）

另有两种为对于菩萨戒授受行为的补充说明，分别是：

1. 可观（1092—1182）的《授戒普说》（续藏一〇一《山家义苑》卷六）

2. 可观的《受菩萨大戒请师》（续藏一〇一《竹庵草录》）

上述作者皆深谙佛教教义，延寿为百卷佛教思想丛书《宗镜录》的总编，而知礼、遵式、与咸、可观皆为天台山家派的巨匠。元照虽后属念佛，早年习学天台，精通天台教义。慧因则身居洛阳住持宝应寺的讲经传戒沙门。

宋代僧人对于菩萨戒的实践方法的整理以及菩萨戒思想的新发展，也为此后菩萨戒作法的再度东渐提供了坚实的资料来源。

第三，道元与入宋僧俊芿

凝然《三国佛法传通缘起》卷上记载：

> 泉涌俊芿不可弃法师，远越波澜入宋求法，正传台教律宗，兼传灵芝净教。
>
> （《大日本佛教全书》一〇一册）

由此文可知，这位入宋的俊芿法师（1166—1227），不仅接受了宋代天台北峰宗印（1148—1213，可观之弟子）以及律宗如庵了宏（12—13 世纪，南山律宗十九祖）的法脉，也得到了元照净土思想的熏陶。

《续藏经》中录有三种与俊芿相关的戒律思想资料。分别为：

1. 俊芿问，不空教院了然律师、极乐院智瑞律师、妙音律师答《律宗问答》（续藏一〇五）

2. 俊芿问，同门师兄铁翁守一答《答日本法师教观诸问》（续藏一〇五《终南家业》卷上末）

3. 针对俊芿存疑的"菩萨戒单受重受"问题，铁翁守一答述《重受戒文》（续藏一〇五《终南家业》卷中本）

纵览此三种资料可知，俊芿非常注重宋代戒律思想的发展以及与日本佛教所不同处并努力吸收为己所用。而其弟子信瑞的《泉涌寺不可弃法师传》也记载道：

> 讲二宗之法门，堂内进退，法座升降，亲模大宋仪则者，唯此一寺而已。
>
> （《大日本佛教全书》七二册）

此从另一方面实证了俊芿对宋代天台以及律宗在形式上以及思想上的认同。

道元于贞应二年（1223）入宋，而俊芿学成归国为建历元年（1211），其间相距十二年。金泽文库元文库长纳富常天所著论文《俊芿与道元》（印佛研究 23—1，1974 年 12 月）指出，道元于贞应二年二月入宋前约五年半期间，曾挂搭京都建仁寺，而建仁寺与俊芿的涌泉寺相距只有三四十分钟的脚程，道元没有理由不向留学中国且取得成功的前辈俊芿去求教经验。其认为道元所撰《永平清规》收录的六十二条《对大己五夏阇梨法》的最初二十二条，与宋允堪科文、唐道宣作《教诫新学比丘行护律仪》所录《对大己五夏阇梨法第七》的二十二条几乎相同，此外的四十条的内容亦多见于《教诫新学比丘行护律仪》的其他章节。而《教诫新学比丘行护律仪》恰恰是以俊芿为首的泉涌寺僧人由宋地带来并重视习学的戒律著作之一。金泽文库所藏的《教诫仪钞》也正是当时的泉涌寺僧对《教诫新学比丘行护律仪》所作的注释。

起源于南山律宗的《对大己五夏阇梨法》既然被道元誉为
"大乘极致"，俊芿的影响不容忽视。道元极有可能在俊芿之处
率先接触到并参究了宋代产生的种种戒律思想的新动向。

以上，简要地叙述了《佛祖正传菩萨戒作法》成立之前的
时代以及戒律研究的思想背景。

二、《佛祖正传菩萨戒作法》的相关问题

根据现存资料，如净授与道元的《佛祖正传菩萨戒作法》
由两部分，即《佛祖正传菩萨戒作法》（以下简称《作法》）以
及《佛祖正传菩萨戒教授戒文》（以下简称《教授戒文》）构成。

广福寺藏传祇陀大智（1290—1366）手泽本《佛
祖正传菩萨戒作法》卷首部分

为了正确掌握该文献的全貌，有必要对其作全面的考察。然碍于篇幅，本论仅就三处问题点作一分析说明。

第一，取名"佛祖正传菩萨戒"的意义

道元幼年，日本佛教界特别是南都兴福寺与北岭延历寺之间的戒律观对立丝毫未有改观，导致泉涌寺俊芿以及建仁寺荣西等日本僧人为了明确戒律思想的真谛而留学宋国。此后俊芿将南山四分律引入日本，欲以四分律的思想来完善补充最澄倡导的圆顿戒。而荣西则提倡兼受菩萨戒，并将由宋地习得的禅法称之为"扶律之禅法"，同时在著作《兴禅护国论》中阐述"是故禅宗以戒为先"，欲以禅戒融合而开创一条新径。

当时宋地的僧侣推崇大小戒兼受，即在授受具足戒之外另可授受大乘菩萨戒，宋代的知礼、遵式、元照等亦各著有授菩萨戒作法。其中元照三十一岁时于天台宗广慈慧才（998—1083，知礼弟子）处得授菩萨戒，由此兼备大小律仪，也为其将来在教义上发扬南山律奠下了实践性质的基础。三十八岁时授入宋留学的高丽僧人义天（1055—1101）菩萨戒并教授其律学。六十四岁（1111）时，为寺院安居僧侣著《授大乘菩萨戒仪》，指出所谓"大乘菩萨戒"实为"远古诸佛同一楷模，佛佛相承传至今日"之作法，而菩萨戒的授受亦是"诸佛出世之大事因缘"（此文原出于《法华经》方便品），强调了对于行者而言"大乘菩萨戒"的重要性质。而如净和道元之间所传授的"佛祖正传菩萨戒"所加的"佛祖正传"四字，似乎也可能受到了元照解说的影响。

道元虽然与俊芿、荣西的入宋僧同样，抱着对当时日本佛教界包括戒观在内的种种疑问入宋欲求解答，然就戒观问题而言，道元与俊芿、荣西的立场完全不同，其对大小兼受的相承持否定意见。而于如净处受菩萨戒之举，亦是其并未放弃日本古来单受菩萨戒传统的表现。将宋地所受的戒称为"佛祖正传"，既区别了其在日本出家时所受的菩萨戒，也再度向如净确认了自身坚持的不受具足戒、单受菩萨戒立场。"佛祖正传"四字也并非仅限于世尊一代相传之意，而暗合《教授戒文》所言"佛佛相授，祖祖相传"的本意，道元甚至认为这就是"经由佛佛祖祖而至如净，被正确相传的菩萨戒"。正由于道元的此种宋地少见的对菩萨戒的执着，也使得此种由如净传至道元的菩萨戒在思想意义上产生了巨大的蜕变。

　　第二，《作法》、《教授戒文》及《正法眼藏》"三宝"解释之溯源

　　道元在《作法》之中，定义三归戒的三宝为"佛无上尊，法离尘尊，僧和合尊"。而此种说法又与《教授戒文》所述三种三宝中"一体三宝"的解释非常近似。但《教授戒文》所述三种三宝解释的由来却至今仍未明其实。

　　《教授戒文》所述"一体三宝"、"现前三宝"、"住持三宝"三种三宝的解释与顺序，未见于传陈朝慧思、唐代湛然、日本最澄、宋代元照等菩萨戒仪。而知礼、遵式的菩萨戒仪虽有三种三宝，但内容为"住持三宝"（或称"相从三宝"）、"别相三

89

宝"、"一体三宝",而顺序也与《教授戒文》相异。

而道元《正法眼藏》"归依佛法僧宝"卷却举了"住持三宝"、"化仪三宝"、"理体三宝"、"一体三宝"四种三宝。驹泽大学名誉教授水野弥穗子在自著《正法眼藏》(第四册,岩波书店,四九三页)中认为道元"四种三宝"说源于元照《四分律行事钞资持记》(以下简称《资持记》)。但笔者以为《资持记》过于简略,如欲揭明道元思想中关于"三宝"解释的由来,有必要对解释三宝功德的相关文献作进一步的对检。

以下,将以道宣《释门归敬仪》(以下简称《归敬仪》)、澄观《华严经随疏演义钞》(以下简称《演义钞》)、知礼《授菩萨戒仪》(以下简称《知礼仪》)、遵式《授菩萨戒仪式》(以下简称《遵式仪》)、元照《资持记》(正藏四〇一二八〇上),以及编于绍圣元年(1094)怀显《律宗新学名句》(以下简称《名句》)、撰于开禧三年(1207)不空了然《释门归敬仪通真记》(以下简称《通真记》)等文献所见三宝解释,与《教授戒文》及《正法眼藏》"三宝"解释作一比较。

a.《归敬仪》(四种三宝)

一体三宝。觉即佛。性净无染,法也。性净无壅,僧也。

缘理三宝亦称同相三宝。归依于佛者,谓一切智五分法身也。归依于法者,谓灭谛涅槃也。归依于僧者,谓诸贤圣学无学功德自身他身尽处也。

化相三宝亦称别相三宝。释迦如来为佛宝也。所说灭

90

谛为法宝也。先智苦尽为僧宝也。

住持三宝。迦竺来仪，演布声教。开俗成务，发信归心。实假敷说之劳，诚资相状之力名僧宝也。约名教说听之缘名法宝也。圣虽云亡影像斯立名佛宝也。

b.《演义钞》（三种三宝）

同相三宝。若就觉义，并称佛宝。轨则而言，无非法宝。冥符和合，莫不皆僧。

别相三宝。佛则横该一切，竖彻十身。法即通四，略举理教。僧虽该摄，偏语大乘。

住持三宝。十身之中有力持身，即住持佛。其修多罗，即住持法。住持之僧含菩萨中。

c.《知礼仪》（三种三宝）

住持三宝。泥龛塑画是佛宝。黄卷赤轴是法宝。剃发染衣是僧宝。

别相三宝。修行契证妙觉果德法报应化名佛宝。所说八万四千法藏十二部经名法宝。等觉以还三乘圣贤名僧宝。

一体三宝。即今诸人本有觉性是佛宝。此性无染清净是法宝。此性柔和无诤是僧宝。

d.《遵式仪》（三种三宝）

　　住持三宝。泥龛塑画即佛宝。黄卷赤轴为法宝。剃发染衣名僧宝。

　　别相三宝。如来具法身报身应身化身，此之四身是其佛宝。所说八万四千法藏是法宝。等觉以还诸位菩萨一切声闻等是僧宝。

　　一体三宝。即今弟子有其觉性便是佛宝。此性无染便是法宝。此性柔和无诤便是僧宝。

e.《资持记》（四种三宝）

　　一体三宝。众生心性、具觉了轨、持和合义。
　　化相三宝。释迦、四谛、五俱邻也。
　　理体三宝。五分法身、灭谛涅槃、学无学功德也。
　　住持三宝。形像、经卷、削染也。

f.《名句》（四种三宝）

　　化相三宝。释迦世尊佛宝。流布谛教法宝。五俱邻等僧宝

　　住持三宝。形像塔庙佛宝。纸素所传法宝。戒法仪相僧宝

一体三宝。照理觉了，名为佛宝。至理无滞，和合僧宝。体离名言，名为法宝。

理体三宝。五分法身，名为佛宝。灭理无为，名为法宝。声闻学无学功德僧宝。

g.《通真记》卷上取意（四种三宝）

一体三宝。等觉佛宝。性常清净法宝。至理无滞、和合僧义、至德常和僧宝。

缘理三宝或言理体三宝。无师无学法佛宝。非学非无学法法宝。声闻学非无学法僧宝。

佛与僧为能证人，法为所证理。

化相三宝或言别相三宝。一佛诸佛佛宝。所说之教法宝。小乘贤圣五位七方便人、四果人僧宝。

住持三宝。佛是土木。法乃纸素。摩腾、法兰以为僧宝。

h. 道元《教授戒文》（三种三宝）

一体三宝。阿耨多罗三藐三菩提称为佛宝。清净离尘乃是法宝。和合功德者僧宝也。

现前三宝。现在证菩提名佛宝。佛所证者是法宝也。学佛法是僧宝也。

住持三宝。化天上化人间，或现虚空或现尘中，乃佛宝也。或转于海藏，或转于贝叶，化物化生法宝也。度一切苦脱三界宅，乃僧宝也。

i. 道元《正法眼藏》"归依佛法僧宝"卷（四种三宝）

住持三宝。形像塔庙佛宝。黄纸朱轴所传法宝。剃发染衣戒法仪相僧宝。

化仪三宝。释迦牟尼世尊佛宝。所转法轮流布圣教法宝。阿若憍陈如等五人僧宝。

理体三宝。五分法身，名为佛宝。灭理无为，名为法宝。学无学功德，名为僧宝。

一体三宝。证理大觉，名为佛宝。清净离染，名为法宝。至理和合，无拥无滞，名为僧宝。

由以上各例可见，宋代《资持记》(e) 与《通真记》(g) 的解释应该继承了唐代道宣《归敬仪》(a) 的思想。而《正法眼藏》(i) 的说明则毫无疑问参考怀显的《名句》(f) 后而成。此外《教授戒文》(h) 的三种三宝说与《知礼仪》(c)、《遵式仪》(d) 等也有解释以及分类上的类似，所以如净授与道元的《作法》的理论根据是可以从宋代完成的诸种戒律文献中找到的。

第三，《作法》"十六条戒"之原点

道元于如净处所受之"十六条戒"由"三归戒"、"三聚净戒"、"十重禁戒"三部分构成。而这十六条的戒律被道元称作"佛祖正传菩萨戒"。关于此种"十六条戒"之如何产生，爱知学院大学吉田道兴教授曾著论文《道元禅师の十六条戒の成立について》（《宗学研究》31 号，1989）整理归纳了学界迄今出现的七种学说。分别为：

a．由日本荣西传授，而荣西则授得于比叡山之"境野黄洋说"（《大乘禅》七卷一号）。

b．由中国如净传授之"永久岳水说"（《大乘禅》七卷二号）。

c．由日本荣西自创并传授于道元之"伊藤庆道说"（《道元禅师研究》）。

d．与日本净土宗传信、隆禅再兴之《机受戒略戒仪》十六重戒有关之"石田瑞磨说"（《金泽文库研究》8·3、8·4、8·5）。

e．由道元继承如净之佛祖正传戒理念，后由道元完成于日本之"池田鲁参说"（《宗学研究》12 号），吉田道兴教授比较倾向此说。

f．中国湛然之《授菩萨戒仪》简略版之"平川彰说"（《道元禅の思想的研究》）。

g．由中国如净传授，但此戒仪应为梵网戒、单受菩萨戒性质之"镜岛元隆说"（《道元禅师とその周辺》）。

本论虽无篇幅一一具体分析以上七说，然就七说要点而言，首先因中国传承文献中并未有"十六条戒"例证，日本成立说暂为主流。但中国传承文献是否确实不存在"十六条戒"原型则尚待商榷。

其次，以上七说多以《梵网经》十重戒四十八轻戒或《善戒经》的受戒作法作为"十六条戒"的成立依据。但菩萨戒是否仅依据此两种也有待商榷。

《观普贤经》（大正藏九卷）有一例具足菩萨戒作法。

> 佛灭度后，佛诸弟子随顺佛语行忏悔者，当知是人行普贤行。行普贤行者……行此行者，真是佛子，从诸佛生。十方诸佛及诸菩萨，为其和上。是名具足菩萨戒者，不须羯磨自然成就，应受一切人天供养。
>
> 尔时行者，若欲具足菩萨戒者，应当合掌在空闲处，遍礼十方佛忏悔诸罪，自说己过。然后静处白十方佛，而作是言，诸佛世尊常住在世，我业障故。……我今依大乘经甚深妙义，归依佛归依法归依僧，如是三说。归依三宝已，次当自誓受六重法。受六重法已，次当勤修无碍梵行，发广济心，受八重法。立此誓已，于空闲处，烧众名香，散华供养一切诸佛及诸菩萨大乘方等。而作是言，我于今日发菩提心，以此功德普度一切。作是语已，复更顶礼一切诸佛及诸菩萨。思方等义，一日乃至三七日。若出家在家，不须和上，不用诸师，不白羯磨，受持读诵大乘经典力故，普贤菩萨劝发行故。是十方诸佛正法眼目，因由是

法，自然成就五分法身，戒定慧解脱解脱知见。诸佛如来从此法生，于大乘经得受记别。

此菩萨戒作法大致顺序为遍礼十方佛—忏悔—三归—受六重法—受八重法。

"六重法"以及"八重法"的说法，见于吉藏《胜鬘宝窟》（大正藏三七卷）：

> 大乘不定，或六重，或八重，二十八轻，或四十二种，或十重四十八轻。

这两种应与《梵网经》所言十重四十八轻等同样，都是基于大乘思想，由三归六重或三归八重而组成的菩萨戒。

另，传隋代天竺三藏菩提灯译《占察经》（大正藏一七卷）卷上，亦有在家出家众生不受具戒，仅受十重戒以及三聚净戒而得清净妙戒的例子。

唐代道宣的《释门归敬仪》"功用显迹篇第九"不仅有"受三自归并十善戒"以及"受菩萨三聚净戒"的作法例子，且在"功用显迹篇第九"的末尾，再次提及了《观普贤经》系统的菩萨戒的作用。如将此等作法结合，依稀可以看到有别于传统具足戒的"十六条戒"的雏形。

此外与道元《正法眼藏》四种三宝的原型也可以在道宣《释门归敬仪》的"济时护法篇第二"中找到。而这样的四种三宝说明，之后被宋代元照的《资持记》以及俊芿恩师不空了然的《通真记》所承袭。

可见，源于道宣《释门归敬仪》，并于宋代得以发展的戒律思想或许就是"十六条戒"产生的根源。

结

道元于如净处所受的《作法》、《教授戒文》的思想背景至少受三方面的影响。其一是由元照提出的基于《法华经》"佛佛相承"理念，以"诸佛出世大事因缘"为前提的受戒思想。其二是宋代天台以及宋代律宗对于《梵网经》十重戒所作的思想发展以及补充解释。其三是成型于慧思、湛然，发展于知礼、遵式的中国天台宗的《授菩萨戒仪》作法。而熟知这些思想的天童山如净禅师则由此完成了《作法》、《教授戒文》，最后为道元笔受后传至日本。道元在其留宋记录《宝庆记》中提到，如净亲口称菩萨戒为"佛祖正传之佛戒"，也从一个侧面表明了如净对道元所追求的单受菩萨戒所下的定义及立场。

而为了更好地进行此课题的后续研究，应注意：1．需要充分考量宋代佛教背景来解释《作法》、《教授戒文》的思想内容。2．既然如净完成《作法》、《教授戒文》的可能性较大，今后有必要进一步分析如净思想。3．道元《正法眼藏》以及《永平清规》中，既然有多处采用南山律的学说以及实践作法，今后有必要考虑同一时代研究南山律的俊芿教团的思想发展。

（日文原刊曹洞宗综合研究中心《宗学研究》42 号，2000 年 3 月。编译于 2013 年 8 月 23 日）

附记：处子作和读书清单

这是我第一篇在大型学术会议上所作的发言报告。

1993 年 3 月 17 日，我于静冈市曹洞宗瑞光寺内接受本师柴田尚明和尚授戒正式成为僧人，尚明师授我的正是"十六条戒"。1999 年 5 月初在受师命于静冈市曹洞宗然正院完成首座法战仪式后，我愈发对由道元自中国传来日本的戒制度以及各种仪式产生浓厚的研究兴趣。而此前，我的研究对象多局限于宋代天台四明知礼的思想分析。

当时曹洞宗最高级别的学术研究机构宗学研究所就位于驹泽大学坐禅堂楼下，也是我常去请教诸位师兄问题的地方。其中时任研究所研究员的星俊道师兄对我的帮助最大。星师兄在我还是本科生的时候，已经修完了博士课程并进入宗学研究所担任研究员要职。我还记得当时告诉他自己想申请参加五个月后（即 1999 年 10 月）由宗学研究所主办的宗学大会并发表论文的时候，他那副掩饰不住一脸的高兴但却又要装出需要保证论文质量的严肃且古怪的表情。

暑假之前基本和我的导师池田教授定下了以道元戒律作为论题的方针，池田教授就指定我 9 月开学后就要在博士课上作一次模拟发表，因为究竟是首次参加大型学会，除了内容之外，发言的速度、口齿、表情以及手脚身体的因紧张而产生的不自然晃动等等，都要作一一的指导和纠正。

我又要去找星俊道师兄了，不光是去吃各位师兄从家乡带来放在研究所内的甜美糕点，更主要地是想问问他如何才能找到研究道元戒律的突破口并顺利完成我的发表处子秀。

他依然是笑眯眯的，然后就是拿出两张纸来，声称为了保证研究所论文发表的质量，有必要强制我阅读此清单上的所有书籍以及论文！

"关于那个戒什么的论文什么的"好诙谐的必读论文清单。于是我痛并快乐着地开始去度过一个整天读书的暑假。

假期结束后，在总结了先贤各种学说的基础上，我应该大致完成了论文的框架。现在看当时的笔记可以发现，其实，在现论文第二章第一节关于题名的论考，原本还有以下的内容。

1．"正传"这一说法应源自"宝庆记"39 条如净言说。

2．"作法"这一说法虽然与传统说法"菩萨戒法"、"菩萨戒仪"不同，但应源自智顗《法华玄义》"行妙"的相关说明。这也与道元日后提倡的"作法是宗旨，得道是作法"思想方式相一致。

此外，针对《佛祖正传菩萨戒教授戒文》，还提到其中"我昔所造诸恶业，皆由无始贪瞋痴。从身口意之所生，一切我今

戒とかについての論文とか

池田魯参先生 『道元学の揺籃』第二章「道元の嗣法観」、第三章「道元の菩薩戒」（大蔵出版）

同 『禅戒と鎌倉仏教』『宗学研究』一二号・昭和四十五年

同 『智証大師が見聞した禅宗』『宗学研究』『智証大師円珍の研究』平成元年・同朋舎出版

同 『梵網経略抄の問題』『宗学研究』一四号・昭和四十七年

同 『菩薩戒思想の形成と展開』『駒沢大学仏教学部研究紀要』二八号・昭和四十五年

青龍宗二先生 「十六条戒について」『宗学研究』三五号・一九九三年

晴山俊英先生 「道元禅師と明全和尚との思想的関係―特に戒律思想を中心として―」『駒沢大学仏教学部研究紀要』三一号・昭和四十八年

同 「禅戒の思想的源流（一）―特に大乗戒経を中心として―」『駒沢大学仏教学部研究紀要』三八号・昭和五十五年

川口高風先生 『道元禅師と明全和尚』『宗学研究』三号・昭和四十六年

同 「四分律行事鈔における道宣の戒律」『宗学研究』一四号・昭和四十七年

吉田道興先生 「道元禅師の菩薩戒受について」『宗学研究』三三号・平成三年

佐藤達玄先生 「菩薩戒の一考察」『駒沢大学仏教学部研究紀要』三四号・昭和五十一年

沖本克巳先生 「初期禅宗における戒観」『松ヶ岡文庫研究年報』一二号・一九九七年

蓑輪顕量先生 「覚盛の戒律思想―通受と犯罪理解を中心に―」『勝呂信静博士古希記念論文集』山喜房仏書林・平成八年

由木義文先生 「智における戒の問題」『印哲』二十二―一・通巻四十三号・昭和四十八年

小林正美先生 「天台智顗の戒法における『奉請三宝』について」『印哲』四十一・通巻七十九号・平成三年

納富常天先生 「泉涌寺開山俊芿と永平道元」『金沢文庫資料の研究』昭和五十七年・法蔵館

高雄義堅先生 「東山泉涌寺における禅受容」同右

同 「入宋僧俊芿」と南宋仏教」『宋代仏教史の研究』昭和五〇年・百華苑

池田魯参先生 「円珍『法華論記』における天台研究の特質」『駒沢大学仏教学部論集』九号・一九七八年

鏡島元隆先生 『天童如浄禅師の研究』

同 『道元禅師とその門流』『道元禅師とその宗風』

椎林皓堂先生 『道元禅師とその門流』（特に第二篇・第三章）

竹田典良先生 『道元禅の研究』（特に第二篇・第三章）

白土わか先生 『天台大師の戒体論について』『印仏』十号・二・昭和三十七年

石田瑞麿先生 『出家得度法 曼殊院蔵』京都大学国語国文学研究室・昭和三十五年

白土わか先生 『日本仏教における戒律の研究』在家仏教協会 一九六三

『一心戒の系譜』『金沢文庫研究』七七号

『最澄の梵網戒受容と本覚思想』『仏教学セミナー』二九号・一九七九年

2

星俊道命令我必读的文献资料

皆忏悔"是宋代流行的讲法，与日本天台的传统讲法略有不同，"身语意"改称为"身口意"源自《华严经普贤行愿品》，宋朝僧人多依此作忏悔文，这也可以看作是此作法确实来源于宋地的一个证据。

为何论文中没有出现这些内容，可能是池田教授在指导时提到的没有必要去"遍地开花"，认真做到"一点突破"的方针所致。后来事实证明池田教授的方针非常正确，集中力量做的"四种三宝"论这个主要命题的论点与论据，结果多次被其他学者的论文以及著作所引用。

作为一篇处子作发表，无疑其不足之处远远多于可取之处，2011 年由春秋社出版的石井修道译注《正法眼藏》第八卷，再次提到本论文，认为《佛祖正传菩萨戒作法》日本编撰说流行的当今学术界，《成立背景所析"佛祖正传菩萨戒作法"之意义》能够考虑到其受中国律宗思想的影响，主张编撰于中国的论点，值得学界注目。这无疑是对我及此论文最大的鼓励。

（记于 2013 年 9 月 13 日）

《佛祖正传菩萨戒作法》

林鸣宇　点校

凡例：

《佛祖正传菩萨戒作法》相传为日本僧道元留学中国时，于宁波天童山如净禅师处授得。此部作法资料内容具体详细，是研究宋代禅寺授戒方式的重要资料。

本附录参考大久保道舟编《道元禅师全集》（春秋社，1940）所录本，由林鸣宇再度点校。大久保道舟所录本以现存最古之日本熊本县广福寺藏本（1325 年）为底本，并参校永平寺本、大乘寺本而成，是迄今最为完整的版本。

小字部分为原文细字或细字双行注；……部分非为缺字，乃依文意所注省略记号；改行断句与大久保道舟所录本不同处皆由校者所加。

佛祖正传菩萨戒作法

先请戒。

参学至堂奥，然后乃请也。或蒙师示诲知此戒之相传。既欲请之时，带一弁香上堂上，报烧香侍者，伴侍者入寝堂。和尚既出，受者进一两步，问讯叉手，云拜请和尚："坐。"和尚坐椅子唯一请不再三。和尚若脱坐立地者，便出香，谓两手拈香，插香炉后，少左转身转腰已上也，跌如元。展坐具于正面，便礼拜九拜也。或三拜，依和尚之指挥谓指挥示拜之数也。拜后，进一两步，合掌问讯问讯可深。云："生死事大，无常迅速。伏望和尚大慈大悲，哀愍听许禀受佛祖大戒。"和尚坐椅，跏趺端坐。合掌受拜即云："此者禀戒，不胜感激。"若不坐椅，即合掌受拜，当受者之词讫之问讯，而和尚低头受问讯后，即云："……"词则先记者是也。和尚不答拜。受者听和尚之听许时，叉手低头而听，不视和尚容颜，唯听听许而已。既听听许，即展坐具拜。三拜或六拜，乃陈谢也。拜讫，收坐具问讯而退。因到烧香侍者寮而谢。侍者只问讯而已。此仪或当日，或先一两日。

次，当日受者，沐浴清净，著新净衣。或无新者，浣濯旧者亦得。当日或粥前、或斋前、或斋罢，烧香礼拜于诸堂。谓佛殿、祖师堂、经藏等也。每处烧香礼三拜。

次，受者当日放参前，到烧香侍者寮而听密示。若放参前有障者，昏钟前到而听之。

次，一更半，到烧香侍者寮，稍待定钟。

次，庄严道场。

当日放参后，就寝堂之第三堂奥而设之。椅子如常，立棹一只于椅前。此棹装棹衣，盖复子。椅子装法被。椅上盖莲华盖。四壁挂红缦练红绢二重。棹上立华瓶一对、香炉一口，拂一柄置香炉与右华瓶之间；戒文一副敷置香炉之北头南。洒水器一口加松枝一枝为洒净枝。置戒文东左华瓶北松烛一把数九枝，长九指，大如绿豆大。于左华瓶之东傍置血脉须与受者物于戒文与洒水之中间。和尚香合置香炉之南，华瓶插松枝枝长瓶长。立烛于棹子之东西，近之而立。设拜席于棹前，须避转身许地。当椅之东北隅，设教授之交椅或椅子，但避绕椅之路。当缦外之东，立和尚之交椅或小椅子。

次，教授师道场。

此道场亦寝堂第三堂之内。著东边设椅子一只不装法被、棹一只装之。拜席设展棹南，烛一条设棹之东。棹上左立华瓶插松枝，次香炉，次教授文，次拂。拂西瓶东。

次，教授师。

或当首座、或前住寺院之尊宿、其余尊宿，必依和尚指挥而请之。时至定钟鸣了也，受者先到教授师之寮，先问讯教授罢，右手上香插香炉烧沈香·笺香等之小片也，次展坐具三拜。教授立于自位受受者拜，教授不拜答。受者收坐具合掌曲身，进一两步问讯云："菩萨大士慈悲，为我某甲作教授师。"受者退一两步，问讯而立。

次，教授师率受者上方丈，而先报烧香侍者。此间受者在

105

寝堂第二堂之西边壁傍，面东而立。侍者等教授上寝堂和尚所侍者先行，教授后行。侍者、教授，从方丈门之西颊而入先举左足。侍者报和尚，和尚即具威仪而出，与教授问讯罢，等教授入道场教授先行，和尚后行，烧香侍者次行。俱到道场，和尚问讯烧香于时教授并和尚而立于西，面北立。和尚烧香罢，右转身，叉手到拜席上，展坐具三拜。教授俱拜和尚东，教授西。侍者立于和尚之东面。和尚、教授，收坐具俱出道场外。和尚到缦外之椅子而居此时和尚先行，教授后行。教授见和尚之居椅，近前问讯，而赴教授之道场。经教授之道场西，赴受者之所。因受者见教授，出问讯。教授合掌低头，即右转身，还入方丈。受者随后上方丈先举左足。教授师率受者，经和尚之椅后，并右边而赴道场。时莫强近和尚之椅，步于西缦傍而入道场，莫触动缦。教授先行，受者随后。教授先行道场，向香炉问讯烧香。

次，受者烧香。教授东，受者西，唯问讯而已不拜。即出道场，经入时之路，赴教授师之道场。教授师到拜席上，向椅问讯罢，到椅而收衣袖，而跏趺坐合掌。受者问讯，上香，烧香罢，到拜席上，展坐具三拜，长跪合掌。广说戒相今有教授师文。此间和尚居缦外之椅不收脚，烧香侍者侍立于和尚之椅西傍。教授说戒相讫，受者又礼三拜，收坐具，问讯而立。教授师起问讯，率受者赴道场，其路如先。但到和尚之椅西南而暂止，时和尚起椅，与教授师相问讯和尚立于东面西，教授立于西面东。受者立于教授之后，问讯。后和尚合掌，右转身而赴道场。向南之时，和尚即唱云：

"南无佛陀耶，南无达磨耶，南无僧伽耶，南无祖师菩萨。"

周而复始，绕道场三匝之间，唱声不绝。教授同唱。绕行次第，先和尚、次教授、次受者或和尚、次侍者、次受者、次教授。每到正面问讯而绕。绕三匝讫，经棹之西边烛之西，著椅子。先到踏上，向椅问讯，右转身面南问讯。后收衣袖而上椅收足，以跏趺而坐，合掌即唱：

"我今卢舍那，方坐莲华台，周匝千华上，复见千释迦。"

周而复始，唱声不绝。至发洒水之始，收合掌也。

次，受者烧香，绕师礼拜。

先，教授问讯烧香罢，到拜席之东端，而面北立。

次，受者问讯烧香罢，到教授之西，面北立。而受者烧香时，经教授之后而到正面。受者烧香罢，与教授同问讯。教授左转身而右绕三匝，每到正面必问讯。绕三匝罢，受者到拜席，而展坐具九拜，长跪合掌。若是老耄受者，须端坐。

次，洒净教授师勤之。

受者九拜讫时，和尚收合掌，默然而坐，唱偈亦止。教授师，受者礼拜之间，近交椅立。见受者之拜，谓拜数失不等也，威仪亦指示。教授见受者之礼拜罢，先到洒水之处，向洒水问讯。

次，仰左掌而安洒水器，右手把松枝而向顺洒水之路，还到发洒水之处，谓棹之东北边也。转身向逆洒水之处，左转身而安洒水器。松枝之柄向和尚之方。教授置洒水器了，右转身向交椅之坐步到，右转身问讯，著交椅之坐，不收脚。洒水欲终之间，和尚预合掌，默诵七佛宝号并迦叶、阿难、商那和修、

107

优婆毱多等宝号、及菩提达磨尊者等六代之尊号、青原、石头、药山、云岩、洞山等宝号。但我嗣法之先师尊号，三唱。然后把松枝而顺旋转器水三反，以右头指、大指屈，以把松枝之本端，无名指进之。先洒自顶三反，次洒受者三反。次洒右边三反报答四恩，次洒左边三反利润一切众生也。

次，内松枝之柄于水器之内。

次，正授戒。

先，三归和尚合掌授之。_{教授并受者，皆合掌而受。}

"南无归依佛，南无归依法，南无归依僧。

归依佛无上尊，归依法离尘尊，归依僧和合尊。

归依佛竟，归依法竟，归依僧竟。"

和尚示曰："一受三归戒如斯。从今已后，如来至尊正等觉是汝大师，更不归依邪魔外道等。此是千佛之所护持，曩祖之所传来也。我今授汝，汝善护持。"

次，三聚净戒。

"第一摄律仪戒。千佛之所护持，曩祖之所传来。我今授汝，汝从今身至佛身，此事能持否？"三问。"能持。"三答。和尚问授，受者答受。

"第二摄善法戒……"词如先。

"第三摄众生戒……"词如先。

次，有十重禁戒。

"第一不杀生……"词如先。

"第二不偷盗……"词如先。

"第三不贪淫……"词如先。

"第四不妄语……"词如先。

"第五不酤酒……"。词如先。

"第六不说过……"。

"第七不赞毁自他……"。

"第八不悭法财……"。

"第九不瞋恚……"。

"第十不谤三宝……"。

"上来十六条佛戒，谓三归、三聚净戒、十重禁戒。此十六条戒，千佛之所护待，曩祖之所传来。我今授汝，汝从今身至佛身，是十六条事，能持否？"三问。"能持。"三答。是事如是持。

次，受者礼三拜，立于坐具之上。不脱鞋，坐具如元。

次，和尚起问讯，到桌前向北问讯。右手拈香烧香问讯，又手而立。

次，教授引受者而令著椅子。谓教授离交椅坐，而到受者所，示曰："须著椅子。"教授先步，受者后步。教授到椅子右边立，向受者示曰："须著椅子。"受者欲著椅子，先上踏子，向椅子而问讯，右转身向和尚而问讯，和尚合掌受问讯。受者收衣袖而著椅，跏趺而坐，合掌默然。

次，和尚唱云：

"众生受佛戒、即入诸佛位。位同大觉已，是真诸佛子。"

一遍唱了，又唱"众生受佛戒"之一句。因曲身问讯，右转身右绕椅子三匝之间，诵此偈宋音。诵声不绝。教授随和尚

109

之后绕，同诵此偈。右绕三匝之间，踏受者之所展坐具而步也。三绕后，受者起椅子，立脚踏，向和尚问讯。欲到坐具上之时，从踏子之右边而下，经棹之东边而到也。受者既下踏子时，和尚于立处问讯，经棹之西而著椅子作法如先。合掌，跏趺而坐。此时受者礼三拜，收坐具叉手而立。

次，和尚起椅子，傍行而下踏子。经东之烛外而到拜席之东端而立，面东。

次，教授师展血脉，度献和尚。和尚移取左臂上而召受者，燃松烛而教见师资相传之名字处。

次，受者应召合掌问讯，进到和尚之右边，向血脉问讯。或速礼一拜，合掌曲身见师资嗣法之名字。

次，和尚以血脉教荷担受者之左肩上。受者荷担血脉，向和尚问讯后，向北步到椅子后屏风傍且止。

次，和尚度与燃烛于教授师，教授师取烛而灭之。

次，和尚、教授到正面烧香问讯。教授立西，和尚立东。或大展三拜，或唯问讯。和尚归方丈，侍者随后。受戒间，烧香侍者在缦外。

次，受者于椅北屏风傍，收叠血脉，藏衣襟之左肩里，经椅西而到正面，或三拜，或问讯，随教授之后出道场。受者设此拜之间，教授立于拜席之东端，面西。受者收坐具后，右转身引受者出。

次，翌日受者早晨到教授寮陈谢三拜，教授不答拜受者不烧香。

次，上堂上拜谢和尚。谓炷香大展三拜、或九拜、或六拜。

后收坐具，退一两步，向和尚问讯而退问讯可深。

佛祖正传菩萨戒作法

右，大宋宝庆元年九月十八日，前住天童景德寺堂头和尚，授道元式如是。祖日侍者时烧香侍者、宗端知客、广平侍者等，周旋行此戒仪。大宋宝庆中传之。

右，《菩萨戒仪》先师亲笔之本，怀奘传受之。今法弟义尹藏主为法器者，听许之。并传写已毕矣。

时建长六年甲寅九月九日	永平第二世怀奘
正安二年庚子八月九日	如来寺住持义尹
正中二年乙丑六月十二日	前住法观寺释运

《佛祖正传菩萨戒教授戒文》

林鸣宇　点校

凡例：

《佛祖正传菩萨戒教授戒文》乃是《佛祖正传菩萨戒作法》之中，受戒者于受戒之前，在教授师（非授戒师，此为教导受戒者于受戒期间各类行为准则之师）处，所接受的戒相说明。《佛祖正传菩萨戒作法》中虽略去了此类说明，但作为菩萨戒授受仪式的一个重要环节，道元返日之后，其自身以及门人有必要对之进行增补。这也是《佛祖正传菩萨戒教授戒文》产生的原因之一。

本附录参考大久保道舟编《道元禅师全集》（春秋社，1940）所录本，由林鸣宇再度点校。大久保道舟所录本以日本熊本县广福寺藏传祇陀大智（1290—1366）手泽本为底本，并参校舒林寺本、大乘寺本而成。

祇陀大智七岁于道元徒孙义尹（五十三世）处祝发，二十岁前入绍瑾（五十四世）之门，如大智的手泽本所述内容无误，则此资料当为其于绍瑾处受菩萨戒时所传得。

改行断句皆由校者重新点校。

佛祖正传菩萨戒教授戒文

夫诸佛大戒者，诸佛之所护持也。有佛佛相授，有祖祖相传。嗣法超越于三际，证契连绵于古今。

我大师释迦牟尼佛陀附授迦叶，迦叶附授阿难陀，乃至如是嫡嫡相授已五十四世到堂头和尚。今将附授，汝等方报佛祖之深恩，永为人天之眼目，盖是嗣续佛之慧命者也。仰凭曩祖之证明，应归戒忏悔。至诚忏悔云：

"我昔所造诸恶业，皆由无始贪嗔痴。
从身口意之所生，一切我今皆忏悔。"

既依佛祖证明，净涤身口意，得大清净。是则忏悔力也。

次应归依佛法僧。三宝有三种功德，所谓一体三宝、现前三宝、住持三宝也。

阿耨多罗三藐三菩提称为佛宝。清净离尘乃是法宝也。和合功德者僧宝也。是一体三宝也。

现在证菩提名佛宝。佛所证者是法宝也。学佛法是僧宝也。是名现前三宝。

化天上化人间，或现虚空或现尘中，乃佛宝也。或转于海藏，或转贝叶，化物化生，法宝也。度一切苦，脱三界宅，乃僧宝也。是住持三宝也。

称归依佛法僧宝时，得诸佛大戒也。称佛而为师，不为师余道也。

有三聚戒。

摄律仪：诸佛法律所窟宅也，诸佛法律所根源也。

摄善法：三藐三菩提法，能行所行道也。

摄众生：超凡越圣，度自度他也。

是名三聚戒。

有十戒。

第一不杀生：生命不杀，佛种增长。可续佛命，莫杀生命也。

第二不偷盗：心境如如，而解脱门开。

第三不贪淫：三轮清净，无所希望。诸佛道同者也。

第四不妄语：法轮本转，无剩无缺。甘露一润，得实得真也。

第五不酤酒：未将来，莫教侵。正是大明也。

第六不说过：于佛法中同道同法同证同行也。莫教说过，莫令乱道。

第七不赞毁自他：乃佛乃祖，证尽空，证大地。或现大身证虚空中，或现法身地无寸土。

第八不悭法：一偈一句，万象百草也。一法一证，诸佛诸祖也。从来未曾惜也。

第九不瞋恚：非退不进，非实不虚。有光明云海，有庄严云海。

114

第十不痴谤三宝：现身演法，世间津梁。德归萨波若海，不可称量。应顶戴奉觐也。

十六条佛戒，大概如是。随教随授，或礼受或拜受。吾今引请。

湛然"授菩萨戒仪"最古抄本之发现

一、关于上海图书馆所藏861087号残卷

上海图书馆所藏 861087 号卷子为尾部残缺之唐代抄本，并于 1999 年由上海古籍出版社所刊《上海图书馆藏敦煌吐鲁番文献》（以下略称《上图文献》）之附录部分所收。其卷首表面题"卜筮书卷第廿三 贰三 课用法第三"，据原收藏者罗振玉考证，其文条达，其字古朴，综合避讳等因，当为唐初所抄古来逸书《卜筮书》之一部分。而其纸褙则为一些佛教戒律抄写，据《上图文献》所载解题，此部分戒律文献分别为：1 佛教戒本，2 授菩萨戒仪，3 受五戒略仪，4 受八斋戒法。卷首之"佛教戒本"因为缺失前半部分内容，所以未知其原名。"授菩萨戒仪"与其前"佛教戒本"为同一人书写，其文末识语录有"元庆五年四月十三日"以及"延历寺"等字样，当为日本纪年元庆五年（891）在日本抄写。其后之"受五戒略仪"及"受八斋戒法"二文则又为另一人所书，但书写年代不详。此外据《上图

116

文献》解题，"授菩萨戒仪"与现行《续藏经》一〇五册（台湾新文丰版）所收湛然述"授菩萨戒仪"相关，而"佛教戒本"、"受五戒略仪"及"受八斋戒法"三文则未知所出。

1915 年的某个瑟寒冬日，一位在东京古旧书肆徘徊的中国人偶然发现了一部古抄残卷，其独一无二的内容使狂喜的他立即将之购入。此后，他对这个残卷作了进一步的考证，并于 1916 年，将此残卷正面部分的内容进行了影印公之于众。

这个中国人就是上海图书馆所藏 861087 号残卷的原收藏人罗振玉（1866—1940）。罗振玉在清朝灭亡后即流亡日本，其后曾担任伪满皇帝溥仪之师。同时他也是近代研究甲骨文字、敦煌文献的杰出考证学家。他将这个残卷命名为"卜筮书残卷"，并将之收入其所编《吉石盦丛书》初集。《吉石盦丛书》大约是在民国三年至六年之间由上虞罗氏陆续出版。其中多收宋明版书籍以及日本发现抄本的影印，由四集二十四册构成，包含了二十七种约五十八卷的古文献。

对于"卜筮书残卷"，罗振玉曾这样题记：

卜筮书残卷。存三百余行，前题具存。云"卜筮书卷第廿三"，旁注"式三"，次行书"课用法第三"，后题不存。盖末有阙佚也。隋唐诸志，洎宋以来官私诸家目录皆无之，此书之佚殆已久矣。卷中别构字甚多，与六朝碑版合，凡丙丁之丙皆作景，白虎作白兽。而隆字不缺笔，乃初唐写本之证。撰者不可知，文字尔雅条达，其出隋唐以

117

前无疑。此残卷题第廿三，全书之浩博可知。不知尚有它残卷存人间否。予居东邦既数岁，访求古佚籍不可得也。前年冬乃获此于江户书林中。卷背有元庆五年比丘慧稠书授菩萨戒仪，有太政官印。元庆纪元当中土唐乾符四年，则此卷东渡当在唐之中叶。千余年久佚之秘籍，一旦归我大云书库中，喜可知也。不忍私之中笥，爰影印以饷好古之士。丙辰八月既望，永丰乡人罗振玉书于东山侨舍，时秋熟得雨，初御袷衣。

（见《吉石盦丛书》初集）

据罗振玉的解题可知，这个残卷正面所抄"卜筮书卷第廿三"当为古今未见的《卜筮书》的唯一手写卷子。其避讳文字的存在，可确定正面部分为唐初所抄。另背面有元庆五年比丘慧稠所书授菩萨戒仪，及太政官印，可认作此残卷东渡日本的凭证。

但遗憾的是，罗振玉所编《吉石盦丛书》仅仅收录了残卷正面部分，并未影印背面的内容。而且又因当时中国战乱，使得此残卷长期所在不明，当然对其的研究更是无从谈起。所幸上世纪末上海图书馆将其公开，并委托上海古籍出版社将之影印出版，才让世人一睹此残卷孤本两面的真容全貌。

后经笔者赴上图确认实物，上图861087号卷子的内容其实应为，表面"卜筮书"卷二十三前半部分，背面则是"不明文献"后半部分，以及"高昌本菩萨戒"、"授菩萨戒仪"、"受五戒略仪"、"受八斋戒法"。

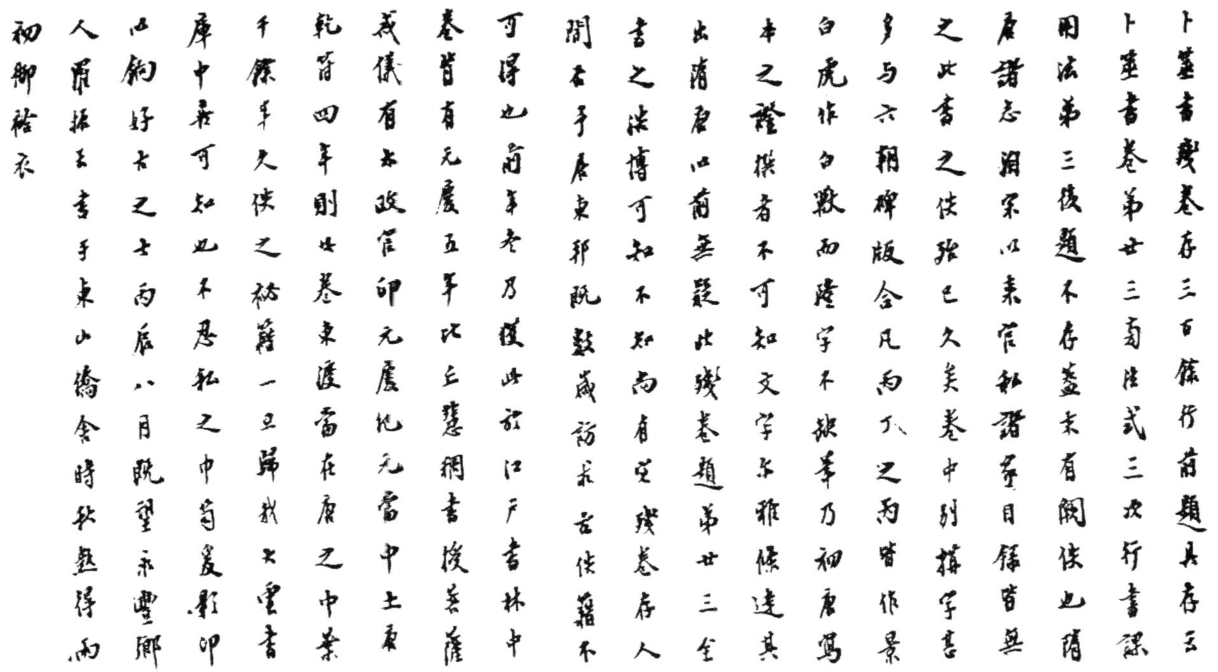

卜筮書殘卷存三百餘行前題具存云
卜筮書卷第廿三簡注式三欄行書謀
用法第三後題不存蓋未有闕佚也隋
唐諸志洎宋以來官私諸家目錄皆無
之此書之佚殆已久矣卷中別構字甚
多与六朝碑版合凡丙丁之丙皆作景
白虎作白獸而隆字不缺筆乃初唐寫
本之證撰者不可知文字亦雅條達其
出隋唐以前無疑此殘卷題第廿三全
書之浩博可知不知尚有它殘卷存人
間否乎居東邦既數歲訪求古佚籍不
可得也前年冬乃獲此於江戶書林中
卷背有元慶五年比丘慧稠書後菩薩
戒儀有太政官印元慶紀元當中土唐
乾符四年則此卷東渡當在唐之中葉
千餘年久佚之秘籍一旦歸我大雲書
庫中亦可知也不忍私之中寫爰影印
以餉好古之士丙辰八月既望永豐鄉
人羅振玉書于東山僑舍時秋熱得雨
初御袷衣

罗振玉的解题（上海图书馆藏）

然而，至于这个残卷为何被罗振玉在日本发现？且残缺部位并非自然损耗、属人为撕断或裁断的原因又何在呢？甚至还有对正反两面所录内容的考证等等，《上图文献》一书中并未给出完美的解答。

二、关于日本金泽文库所藏《卜筮书》残卷

　　日本神奈川县立金泽文库的前身为镰仓幕府重臣北条实时（1224—1276）所建称名寺，其所藏佛教文献浩如烟海，而戒律相关文献数目亦不为少。据其记录，应有两种荆溪湛然撰述的"授菩萨戒仪"抄本存在。一为日本纪年正和四年（1315），日僧湛睿（1271—1346）于比叡山东塔东谷神藏寺僧房所书，现藏金泽文库（其介绍参拙文"日本金泽文库所藏中国撰述天台典籍览查记"戒幢佛学研究所《戒幢佛学》第2卷，岳麓书社）。而另一种则书写于金泽文库所藏《卜筮书》残卷背面。但仅存首页题名"授菩萨戒仪　　妙乐"七字，"授菩萨戒仪"原文内容缺失。而现存部分为"菩萨羯磨戒文"约四十一行"鸠摩罗什法师诵法"前半部分约七行半。其正面内容为"卜筮书"卷二十三的后半部分约五十行。

　　这部"卜筮书"残卷于昭和十五年（1940）被日本政府指定为"重要美术品"，昭和三十六年（1961）又被指定为"重要文化财"直至今日。残卷表面的"卜筮书"为该书，卷二十三

后半部分内容，全部约五十行，书体谨直。残卷之背面，在题名"授菩萨戒仪　妙乐"之旁，有"官印"、"龙"等朱印残留。关于其抄写年代，旧来日本存有两种学说。其一即罗振玉假设的"卜筮书"为初唐时期（六世纪末—七世纪初）在中国书写，并被遣唐使带回日本的说法。其二为，大屋德城所提的日本平安时期抄写说。其根据"龙"字印还见于石山寺藏经的《大智度论》（天平六年，734 年书写），并通过书写习惯，经过综合判断，认为"卜筮书"可能是平安时代初期的抄写本。

日本学界最初注意到此残卷存在的就是大屋德城（1882—1950）。昭和九年（1934）在其编辑出版的《金泽遗文》（便利堂，1934）一书中，不仅刊登了此残卷表面，即"卜筮书"的一部分照片，还对此残卷作了解题，进一步提到了其重要性。

此后，中医学家石原明（1925—1980，后曾担任横滨医大副教授）于 1948 年在《横滨市史料调查报告书》中登载论文"金泽文库本卜华书之订正"，文中不仅纠正了大屋德城将书名误读为"卜华书"的错误，还指出金泽文库所有的残卷部分，与罗振玉所藏《吉石盦丛书》（1914—1916 刊行）中"卜筮书"影印部分，应是同一本子，两者合并即是原称名寺所藏的完本。同时他还发现，在称名寺二世住持僧人剑阿（1261—1338）所著医书《产生类聚抄》中，曾将"卜筮书"误写为"下茎书"，并曾引用过现已失传的"卜筮书 第九"内容。而关于残卷的朱印，石原基本参照了罗振玉的解题，认为"官印"应该就是"大政官印"，并以大政官制度建立的延历二四年（803）作为年代下限，对于"龙"印，石原则认为其为天平时期的产物比较妥当。

最早对残卷背面的戒律文献进行研究的是元日本龙谷大学的土桥秀高教授（1914—1989）。其于 1961 年发表论文"关于菩萨羯磨戒文"（《佛教学研究》18/19，1961；《戒律之研究》1980，永田文昌堂）推测，金泽文库所藏《授菩萨戒仪》，虽然遗失了最重要的"授菩萨戒仪"，然按《吉石盦丛书》罗振玉解题中所言"残卷存三百余行"来看，遗失的三百余行中很可能包含湛然的"授菩萨戒仪"全文。此外，现存的"菩萨羯磨戒文"及"鸠摩罗什法师诵法"两文与敦煌文献斯坦因 1249、1484、3206 号三文相一致处非常之多，可以认为其属同一系列的作品。而 881 年被书写在背面的这些戒律文献，与大约推定为六世纪时所书写的斯坦因 3206 号文献相差无几的事实，也当成为戒律研究史值得瞩目的一个重要发现。

元日本庆应大学斯道文库馆长阿部隆一博士于 1972 年发表了名为"金泽文库之汉籍"（《金泽文库研究》196 号）的论文。其中对于《卜筮书》的考证，阿部完全采用了罗振玉的说法，即此书为古今目录未见的逸书，也是从中国传来的重要汉籍之一。而对于纸褙的戒律文献，他仅仅指出菩萨羯磨戒文与玄奘译通行本不同，可能属于异本。

二十世纪末，金泽文库主任学艺员西冈芳文在其论文"关于金泽文库本《卜筮书》"（《三浦古文化》54 号，19940615）中，提出《卜筮书》可能是对《曾门经》的注释，并参照《六壬大全》等术数书籍，并结合《吉石盦丛书》的影印内容，将《卜筮书》第二十三卷进行了复元工作。此外，西冈也再次确认了一些细节，如依照罗振玉所说的唐朝避讳，确实可以推定《卜筮书》第二十三卷被抄写于七世纪的唐朝等。而对于这个卷子之所以传入日本又离奇地被带回中国，西冈认为，唐初于中国书写的这个卷子，极可能是被遣唐使携带回日本，并上交太政官收纳。尔后又被"龙"印的持有者所收藏，到了881年，僧侣慧稠又在卷子的背面抄写了戒律文献。此后，这个卷子被进呈到京都或者奈良的寺院，而镰仓时期又被僧人带到了由幕府重臣北条家所建的神奈川称名寺，成为该寺的藏书。直至明治年间，时值废佛毁释，也是称名寺内部混乱之际，被无德僧人裁断偷出流落书肆。偷出部分后来为罗振玉所购得，并带回中国。而当时的中国亦逢内乱，罗振玉购得部分的下落，却无人知晓了。

三、残卷复原及先贤考证之确认

综上所叙，可见上海图书馆所藏861087号卷子与日本金泽文库所藏《卜筮书》残卷合璧之后，正是原藏于神奈川称名寺的《卜筮书》卷二十三手写卷子。而分藏两国的这个卷子的内容应为：

日本金泽文库所藏部分（以下略称"金泽藏本"）

表面："卜筮书"卷二十三后半部分，约五十行

背面："授菩萨戒仪 妙乐"题名

上海图书馆所藏撕裂断口部分

金泽文库所藏撕裂断口部分

"卜筮书卷第廿三弎三"题名

"菩萨羯磨戒文"四十一行

"鸠摩罗什法师诵法"前半部分，七行半

上海图书馆所藏部分（以下略称"上图藏本"）

表面："卜筮书"卷二十三前半部分，约三百五十行

背面："鸠摩罗什法师诵法"后半部分，约十三行半

"高昌本菩萨戒"，约二十行

"授菩萨戒仪"，约二百三十二行

"受五戒略仪"，约三十一行

"受八斋戒法"，约四十四行

正如罗振玉所考证的那样，"上图藏本"纸褙所盖的"太政"朱印与"金泽藏本"所盖的"官印"朱印互相吻合，正是"太政官印"四字。所谓太政官，即是总辖立法、行政、司法大权，统括八省百官的机制，亦可称为天皇的代理机关，自八世纪初日本第一部律令"大宝令"颁布以后的二官八省官制中，列位最高。这个卷子既然盖有太政官印，可以说是受到当时日本最高权力机关的某种认可无疑。

金泽文库所藏题名印章部分（骑缝处龙印以及官印二字位置）

　　更值得一提的是，"龙印"以及"太政官印"所盖的位置。旧来解释集中于"太政官印"而忽视"龙印"。对此基本解释为"卜筮书"由遣唐使带到日本直接献给太政官收藏，所以有此印章。然而此卷子骑缝处所盖位置顺序为，上"龙印"，中"太政官印"，下"龙印"，此外"卜筮书卷第廿三 弐三"题名处亦盖有"龙印"，而纸褙戒律文献部分更是多处盖有"龙印"。因此两种印章当为同时按盖，而非先盖"太政官印"后补盖"龙印"。

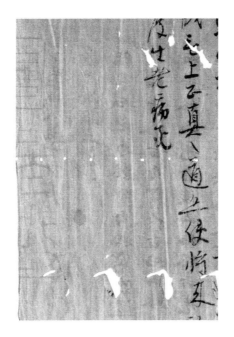

上图所藏之印章部分（骑缝处龙印以及太政二字位置）

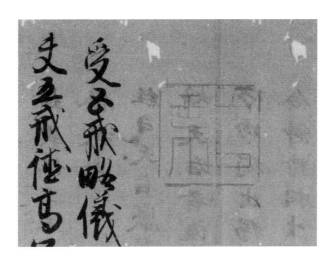

上图所藏之戒律部分所按龙印例之一

另据当时日本天台宗文献《传述一心文》（最澄弟子光定编）所收录的"一乘戒牒度缘捺太政官印文"（文见大正藏七十四卷）一文来看，当时的日本天台宗弟子，曾向权力机关要求在大乘戒牒、度牒必须加盖太政官印以示其正当性。而同样日本天台宗的创始人最澄也在其著作"山家学生式"（文见大正藏七十四卷）中规定了，凡受十善戒的菩萨沙弥的度牒、受佛戒的菩萨僧的戒牒必须加盖官印。由此可以推测，之所以加盖龙印以及太政官印，更多地应该和纸褙的戒律文献相关联，而并非与"卜筮书"有关。也可以说是当时日本的国家机关对纸褙这些戒律仪式所实施的正统性认可，而绝非如旧所说的那样简单。

罗振玉为了确定这个卷子的作成时代，提到了几个避讳之处，如"凡丙丁之丙皆作景，白虎作白兽。而隆字不缺笔"之类。根据清代周广业《经史避名汇考》以及陈垣《史讳举例》，唐朝成立之后，为避唐高祖祖父李虎之名而禁止用"虎"字。而唐高祖之父李昺因名中带有"丙"字，亦被禁用。而"隆"字的缺笔改正应在唐玄宗李隆基（712—756 在位）之后。因此，卜筮书的书写年代如罗振玉所推，当在唐朝开国之后，玄宗之前。

纸褙的戒律文献的书写年代，罗振玉没有细考，仅按"授菩萨戒仪"识语中提到的年代判断了其为日本纪元元庆五年（881）的抄写。而实际纸褙的六种戒律文献，根据书写笔迹，应出自两人之手，"菩萨羯磨戒文"、"鸠摩罗什法师诵法"、"高昌本"、"授菩萨戒仪"四种为一人笔录，而"受五戒略仪"、"受八斋戒法"两种为另一人所录。

"授菩萨戒仪"末尾的识语部分虽然明示了前四种文献的书写年代，但关于抄写的来龙去脉却颇费解。以下仅是笔者一家之言，误谬处还待后贤再考。

此识语部分内容如下：

> 抄取延历寺藏本，比丘慧稠与王书之。元庆五年四月十三日追录之。王记："处处怗著文者，为充自用也，莫书本上。"

按延历寺为日本天台宗开宗寺院，位于绵贯京都府以及滋贺县的比叡山。既然是抄取延历寺的藏本，其戒律内容的可信度与正统性是勿庸置疑的。这些戒律文献都是比丘慧稠于元庆五年（881）四月之前依"王"之愿，为"王"而追抄。然比丘慧稠其人未见经传，此外"王"是指谁也向无定论。但一点是可以确定的，能够用唐国携归的卷子，抄写延历寺藏本，并加盖太政官印的"王"应非凡夫，极有可能是位极人臣的亲王，甚至根本就是一国的君主。

笔者认为，当时九岁即位，二十七岁让位，并于三年后的元庆三年（879）突然出家，且与延历寺关系密切的清和天皇（850—881）或许就是比丘慧稠所指的"王"。

清和天皇曾于贞观六年（864）在宫中接受天台僧圆珍

129

（814—891）所设大悲胎藏灌顶坛的灌顶仪式。而此后于贞观十年（868）升任延历寺第五代座主的圆珍其实也是清和天皇母亲染殿皇后藤原明子（829—900）的护持僧。慧稠的识语部分同时提到，"王"曾嘱咐因为处处要依靠到这些戒律文献，所以希望能钞一部留作自用。此点应与清和天皇退位出家之事相关。而"莫书本上"四字颇有命令口吻的嘱咐也应与为何这些戒律文献未被另行新抄一本，只是被抄于已有卷子的纸褙的情况相关。

可以想象，也只有将皇位让位于九岁的幼子，立志退位出家归隐的清和天皇，才能随意抽取遣唐使进奉的"卜筮书"第二十三卷，并通过自身与延历寺的关系，遣僧抄写由日本天台宗祖师最澄自大唐带回并秘而不宣的"授菩萨戒仪"等戒律文献而为之自用。

虽然清和天皇在慧稠抄录完戒律文献前数月，即元庆四年十二月四日驾崩。但清和天皇生前的嘱咐使得慧稠不得不按其原意在"卜筮书"第二十三卷的纸褙"追录"一系列的戒律文献。而这个原因也让此卷原本非正式的戒律抄本能够享有按盖太政官印以及龙印的殊荣。

后两种戒律仪式因为没有识语，所以书写者究竟是谁，何时所追加都还是未详的课题。但因加盖的龙印遍及前后六种戒仪而未见于"卜筮书"部分，所以可以认为，当时收藏机关对于此卷所载的内容重点，并非是表面的"卜筮书"部分，而应该是卷子纸褙的戒律部分。这个结论与罗振玉以及阿部隆一等先贤偏重"卜筮书"部分的研究有着一定区别，应能更客观地反映这个卷子的成立背景和真正的意义。

四、卷子纸褙所书戒律资料之内容意义

"金泽藏本"及"上图藏本"所录六种戒律文献，因其书写于千年前的九世纪后期，不仅其内容，其存在意义自身就非常重大，以下将简述六种戒律文献的内容及意义。

（1）菩萨羯磨戒文

"菩萨羯磨戒文"与玄奘所译同名文献内容径庭。其相当于智顗说灌顶记《菩萨戒义疏》中所提到的最古的菩萨戒仪"梵网本"。其受戒顺序为：初受三归→忏悔十不善业→受十无尽戒→诵菩萨十重卌八轻戒→不解问师。据土桥秀高的研究成果，此文献与敦煌文献斯坦因 1249、1484、3206 号等三文内容非常相近，可称为探究菩萨戒源流的重要资料。土桥的研究内容详参"关于菩萨羯磨戒文"（《佛教学研究》18/19、1961；《戒律之研究》1980，永田文昌堂）。

（2）鸠摩罗什法师诵法

慧融等所记录的"鸠摩罗什法师诵法"，可以看作是对前述"梵网本"的补充资料。此部分内容与智顗说灌顶记《菩萨戒义疏》所说"梵网本"的一部分相似。此外"梵网本"出自鸠摩罗什的根据，可以参看《出三藏记集》卷十一"菩萨波罗提木叉后记第九"一文（T55.79b）。而作为旁证，慧融曾对鸠摩罗

什所诵内容作记录的史实，可以参看法藏著《梵网经菩萨戒本疏》（T40.605b）以及明旷著《天台菩萨戒疏》（T40.583c）所记载的相关内容。此文献也同样与敦煌文献斯坦因 1484、3206 号有较多一致之处，应该与"菩萨羯磨戒文"同样，是研究菩萨戒形成初期段阶的重要资料。

（3）高昌本

"高昌本"之下记有"昙无谶为道进说　或题畅法师本"等字样，这可以理解为"高昌本"是昙无谶传授道进而得以流传。此外，"或题畅法师本"则应理解为，玄畅法师（416—484）宣扬过与昙无谶所说内容相似的戒法，所以"高昌本"亦被称为"畅法师本"。此部分内容与智顗说灌顶记《菩萨戒义疏》所说菩萨戒"高昌本"的内容（T40.568b）基本一致。关于"高昌本"的考证，此不赘言，佐藤达玄在其著书《中国佛教における戒律研究》（木耳社，1986）第十二章第三节的说明非常详细。

（4）湛然授菩萨戒仪

2002 年，苏州戒幢佛学研究所宗舜法师在其论文"湛然授菩萨戒仪初探"中曾参考续藏本"授菩萨戒仪"与最澄"授菩萨戒仪"对"上图藏本"之同名文献作过考察校正。笔者在此仅作一些补充。

这个抄本可能是迄今发现的最古湛然授菩萨戒仪抄本。湛然所作的"授菩萨戒仪"（以下略称续藏本），现在为续藏 105 册（新文丰版）所收录。虽然其撰述年代未详，但根据最澄作成于 805 年的《传教大师将来台州录》，已经收录该书，其作为湛然真作的可能性是很大的。此后作成于914年的玄日《天台宗章疏》、作成于1029年的遵式《天台教观目录》以及日本名古屋七寺所藏、作成于1175年的《一切经论律章疏集》、《古圣教目录》，包括十三世纪后期的志磐《佛祖统纪》都登载了此书书名，可见此文献从唐代到宋代，在中国、日本的天台教团中传播之广泛，影响之巨大。但也许是一宗固有仪轨的缘故，历代的藏经几乎都没有将之收录。

"上图藏本"所录此文献为881年的书写，而且因为参照的原本为比叡山延历寺的所藏，其对确认日本天台初期所传的菩萨戒具有重要的意义。虽然金泽文库还藏有镰仓时期湛睿书写的"授菩萨戒仪"，湛睿抄录的"授菩萨戒仪"与续藏本基本一致，应当是同一系统的传承。而"上图藏本"则与上述两书稍有不同，所以金泽文库湛睿书写的"授菩萨戒仪"与"上图藏本"虽然原本同为称名寺金泽文库藏书，但基本可以判定两者没有参照关系。然而，值得注目的是"上图藏本"与最澄所编"授菩萨戒仪"（大正藏七四卷，传教大师全集所收，以下略称"最澄本"）之间的关系。根据史传，最澄曾将湛然的"授菩萨戒仪"携归日本，并参考日本的实情对之作了补订。与"最澄本"相比较，"上图藏本"确实存有一些与其相一致的地方。例如，"第一开导"中"菩提旷路"的"旷"字，"第四忏悔"中"运此心已作如是言"一句，"第六问遮"中"故梵网经云"的"故"字，"第八证明"中"戒师应为受者作白言"一句，以及"第九现相"中"彼答菩萨言此相现者"的"者"字等等，因此

133

其在年代上与最澄所编"授菩萨戒仪"极其接近。"上图藏本"的此文献，无疑可以成为进一步推定日本天台初期所传菩萨戒内容的强力佐证。

此外，湛然所著授菩萨戒仪在日本抄写并得以流传的事实，也从另一个侧面显示了当时的日本天台教团并没有完全接受最澄改编的授菩萨戒仪作法，湛然授菩萨戒仪在一定程度上还是得到尊重和被加以实践的。

（5）受五戒略仪

此文献与其后的"受八斋戒法"属同一书写者。关于五戒八戒的文献，虽然可以找到大正藏卷一八所收"受五戒八戒文"以及续藏九五册所收"略授三归五八戒并菩萨戒"两文参照，但其内容与本文献诸多不同。

此文献末录有"依羯磨经及行事钞录"等字样，显然该文献应该与《羯磨经》及《四分律删繁补阙行事钞》的内容有关。据笔者考察，其主要内容当为唐代道宣《四分律删补随机羯磨》诸戒受法篇第三（T40.495c）与道宣《行事钞》导俗化方篇第二十四（T40.139c）内容的糅合。在家的佛教徒的必须条件为三归五戒的遵守，此文献很有可能是为了促使在家信徒的守戒而作。

（6）受八斋戒法

八斋戒即是在家信徒在六斋日（每月的八、十四、十五、二十三、二十九、三十共六天）中以一日一夜守出家戒的仪式。

《行事钞》导俗化方篇第二十四（T40.140a）虽录有"八戒法"，但其内容与本文献完全不同。而对戒相的说明，此文献与《四分律删补随机羯磨》诸戒受法篇第三"受八戒法"（T40.496a）有类似的内容。此文献的作法顺序为：启白→忏悔→奉请→三归正受戒法→说戒相→发愿。在文初，有"自誓受八关斋戒"的字样，而在"奉请"部分更以释迦为和尚，文殊为戒师，弥勒为威仪师，十方诸佛为证戒师，十方菩萨为诸同法，诸天众为戒护众等内容，很明显此文献当为自誓戒的一种。

此外，位于京都的天台三门迹之一的青莲院吉水藏所藏的"八斋戒略作法"，是笔者最新发现的资料（见附记3），其未被汲古书店出版的《青莲院门迹吉水藏圣教目录》所收录。吉水藏抄本按照其字体分析，估计是镰仓时期末的抄本。其仪式顺序为：著座→三礼→呗→表白→洒水→忏悔→奉请→三归→戒相→回向→神分→六种。虽与"上图藏本"顺序不同，但"忏悔"、"奉请"、"三归"、"戒相"等处都有类似的内容。

日本爱知学院大学教授蓑轮显量（现为东京大学教授）于其著述《中世初期南都戒律复兴之研究》（法藏馆，1999）的第九章"叡尊门侣集团的菩萨戒授受"（此文另载于《南都佛教》73号，1996）中，还提到了另一种"授八斋戒作法"（西大寺圣教藏所藏）。其仪式顺序为：三礼→如来呗→表白→洒水→忏悔→诵颂→奉请→三归→戒相→发愿→神分→六种→回向→后呗。其中"戒师奉请"部分与"上图藏本"的"奉请"部分几乎完全一致，"上图藏本"与该文献在内容上可以说应有一定关联。

由于在中国撰述的文献中，无法找到和此受八斋戒法非常一致的文献，作为一种推测，此文献是否是日本撰述还待今后细考。

五、结论

1. 原日本神奈川称名寺所藏《授菩萨戒仪》，现在前半部分由神奈川县立金泽文库所藏，后半部分则于1920年代由罗振玉购回中国，现在由上海图书馆所藏。

2. 菩萨羯磨戒文、鸠摩罗什法师诵法、高昌本等三种文献，是了解初期菩萨戒授受情况的重要资料。且与敦煌文献存在非常近似之点，对研究天台菩萨戒流行以前的佛教教团所用的菩萨戒法有相当重要的意义。

3. 湛然授菩萨戒仪作为现存最古的抄本。其意义是不言而喻的。此本在日本抄写并得已流传的事实，也从一个侧面显示了当时的日本天台教团并没有完全接受最澄改编的授菩萨戒仪作法，湛然授菩萨戒仪在一定程度上还是得到尊重和被加以实践的。

4. 受五戒略仪、受八斋戒法两文献，虽然作者书写时代都无法知晓，但从内容角度，受八斋戒法与青莲院藏本及西大寺藏本比较类似，可以推测其为同一时代或相互关联的作品。

（日文原刊神奈川县立金泽文库《金泽文库研究》271号，2004年3月。中文原刊岳麓书社《戒幢佛学》3号，2005年1月。改译于2013年3月14日）

附记1：偶遇《卜筮书》

　　十五年前我还是一个大学研究生院的学生的时候，由于选修了高桥秀荣教授讲授的"日本佛教研究"，才使我得以能够与这个有着传奇经历的卷子不期而遇。高桥秀荣教授时任神奈川县立金泽文库文库长，兼任驹泽大学研究生院教授。某日课堂从大学的教室移到了金泽文库的内部书库，因高桥教授希望通过实物向我们讲解日本佛教史的一些课题。

　　金泽文库的内部书库，与其说其是一个房间，不如说成是一个分割为大小两个空间的封闭箱子则更为恰当，在推开厚重的防火铁门后，就是第一个小型空间，居中是一张特大的桌子，便于展开书卷确认，周围则是一些放着各类设备的办公桌。正式的古物收藏库虽近在咫尺，却有着更严格的防范，外来研究人员一般只能在对外图书室阅览资料，能进入书库内办公场所已属超常待遇，实在让人难生继而窥觊宝库收藏的非分念头。

　　作为日本平安时期佛教状况的一个示例，高桥教授选择了文库所藏的重要文化财《卜筮书》来说明。当教授在大桌上小心翼翼地打开这个轴卷后，传来的却是学生们充满疑惑的叹息。原本期待的长卷，结果却不过尺余，此外斜斜的撕裂断口，亦似乎在低泣曾遭逢的不公。

　　从唐代纸张的构造以及字体的特征，讲到平安期惜纸如金的故实；从戒律的东渡讲到最澄的大戒制定。只凭这表里尺余的方寸，高桥教授的娓娓道来使我们暂时忘却了轴卷原有的伤痛。

"很可惜这是个残卷，剩下的十分之九至今还是下落不明。据说大学者罗振玉把后半部分带回了中国，你，"高桥教授用半期待半调侃的目光对我笑道，"应该帮文库去中国找它回来！"

世间也许有"一语成谶"的说法，能应验到我头上却是万万出人意料的。

1998 年开始，出于自身的研究兴趣而非专业要求，我陆续收集以及整理了一些日本平安以及镰仓时期的有关大乘菩萨戒的资料。其间在大学图书室翻阅上海古籍出版社由 1999 年 9 月出版的《上海图书馆藏敦煌吐鲁番文献》第四册附录所录的传承不明"授菩萨戒仪"时，非常偶然地发现了此文献正是原藏金泽文库的《卜筮书》的失落部分。

高桥教授在当天接到我兴奋且近似语无伦次的口头报告后，欣喜之余更是不无冷静地指示我，作为第一发现人，有义务在专业学会上口头公布此成果并听取意见，同时也希望在适当时候优先在金泽文库的机关学术杂志上刊登书面成果。

2003 年 9 月 29 日，我参加由东亚佛教研究会举办的报告会，并于东京大学佛教青年会会场内作了题为"金泽文库所藏《授菩萨戒仪》逸失部分之发现及其意义"的口头报告，其间创价大学菅野博史教授、爱知学院大学蓑轮显量教授、武藏野大学西本照真教授等指出一些错误并提出很多有意义的启示。此后的修订稿于同年 10 月 31 日，在驹泽大学召开的第四十九届曹洞宗宗学大学上，以"元称名寺藏戒仪之发现"为题作了修正稿发言报告。其间驹泽大学山内舜雄名誉教授、田中良昭教授、鹤见大学尾崎正善教授亦提了很多宝贵建议供我参考。

经前后几番的意见交流以及修订增补，才完成了日文版论文的定稿，得以顺利交到高桥教授处，并刊登于2004年3月30日出版的《金泽文库研究》第312号。

此次因要重刊这篇论文，原本不想多作改动，但究竟是九年多前的作品，不少地方有必要作些增补和文字修饰。其中最大的增订是一定程度上解决了九年前遗留的戒仪书写委托人"王"的考证问题。所以此次的改译应该是这篇论文的最新版本。

（记于2013年3月14日）

附记2：《卜筮书》的前世今生

《易经》有道："先否后喜。"在中国早已失传的《卜筮书》，曾以其能够预测万物运势，并作为大唐文化的精粹之一，被日本遣唐使不辞万里，跨海东渡携至扶桑。那时意气风发的它又是否能预知到此后自身叵测命运的否泰呢？

《卜筮书》东渡数十年后，辞位出家未久，准备一心持戒事佛的清和天皇，不经意地在一举手间抽出了久无人阅的《卜筮书》第二十三卷，又不经意地一句"莫书本上"，使得僧人慧稠诚惶诚恐地，抑或是无可奈何地跑到比叡山延历寺，不得不在《卜筮书》卷轴的背面抄录了传教大师最澄由中国带回的最新戒仪。而清和天皇不经意地撒手人寰，也使得国舅爷且兼任太政官的藤原基经诚惶诚恐地在慧稠抄录的戒仪部分反复加盖官印，以彰显妹夫的功德。

三四百年后，此卷戒仪辗转流入镰仓幕府重臣北条家族手中。显赫一时的北条实时在引退政坛之后，于武藏国六浦庄金泽（现横滨市金泽区）建立私人书库金泽文库，同时为纪念亡母建了称名寺，广收天下儒佛书籍为己有。此卷戒仪也为称名寺所秘藏。

时移世易又经五百余年，时值明治维新之废佛法难，僧人犹如惊弓之鸟，惶惶而无可终日。享尽千年清净的《卜筮书》竟被不经意地拦腰裁断，落到委身书肆、忙不择价的下场。

如果没有辛亥革命，罗振玉、王国维也不会匆匆东渡日本。那样，《卜筮书》又会流落何方呢？历史无法再现如果，但《卜筮书》怎么单单就遇上了罗振玉，这算不算否极泰来了呢？

罗振玉不是清和天皇，但一句"不忍私之中笥，爰影印以饷好古之士"，就要比清和天皇福泽众生多了。罗振玉收藏的《卜筮书》历经抗战、内战、"文革"，最后被收藏于上海图书馆。

2009年，高桥秀荣教授早已从金泽文库退休，而研究生时代的同班师姐道津绫乃则在高桥教授退休之前就以优异成绩被招入文库担任学艺员要职。道津绫乃因负责称名寺旧藏资料恢复工程，同年7月，希望通过我联系上海图书馆来取得上图版《卜筮书》的高精度数码资料。

当时接待我的是上图的陈先行教授，陈教授师承上图老馆长顾廷龙先生，乃江南世家子弟，是现代驰名海内外的版本学家。陈教授的爽快让我很顺利地完成了金泽文库的嘱托，也让我又一次感受到罗振玉所说的"不忍私之"的真意。一个真正热爱古籍，研究古籍的人哪里会处处像守财奴般地自珍而私之呢。失散百年的称名寺旧藏《卜筮书》残缺部分终于以高精度数码资料的形式回到了金泽文库。

同年10—12月，陈教授因受日本国文学研究资料馆陈捷教授之邀赴日讲学，其间亦受道津主任学艺员邀请访问了金泽文库。而此次访问不仅使我们近距离接触了文库所藏的国宝《文选集注》(中国失传)，也使我们终于有幸能参观到金泽文库的内书库。

12月5日，雨。陈先行教授、台湾中研院巫仁恕教授和我，一行三人。

金泽文库的内部书库，由大小两个空间构成。大的是重要典籍资料收藏库，小的则是内部修复古籍以及整理古籍的办公场所。进入收藏库还需越过一道防火门，里面没有一般的书架，摆放的物品陈列铁架粗看像小型物流中心的仓库。万余种的古籍基本都摆放在新旧不等的桐木制的各类书箱中，令人叹为观止。道津主任在我们到达前就已经准备好了文库最具代表性的收藏品国宝《文选集注》，还有就是《卜筮书》的金泽文库收藏部分。

金泽文库所藏的这个抄写于平安时代的《文选集注》，虽然不是完本，但其存在意义与研究价值是无可比拟的。首先这是已知现存最早的《文选集注》抄本，其次是其内容网罗了李善注以及五臣注之外的现已不为人知的唐代各家的文选注解。道津主任为我们准备了《文选集注》第六十六卷，因唯有此卷卷首完整，可以确认题名。

《卜筮书》的金泽文库收藏部分的保存状态略好于上图保存部分。据道津主任介绍，其中原因可能是金泽文库早在数十年前已经将之指定为重要文化财，又因是残卷，几乎没有对外公开展览过。而通过此等有意义的文化交流，也希望上图能在取得金泽文库收藏部分的数码资料后，完善对此文献的说明。

这也许是我最后一次如此近距离接触到这个卷子了，正如我十数年前第一次目睹这个卷子时的直觉那样，无论从题签还是装帧，这个卷子真的并不应被称作为《卜筮书》，也许叫它作《授菩萨戒仪》更为合适。然而与这个卷子的传奇经历相比，学者的迂见，一切的一切都已无关轻重了。此时轻抚《卜筮书》的同时，更多的留给自己的只是遐思神往，人其实并无创造历史的力量，只是历史在不经意间召唤着人们而已。

（记于2013年4月10日）

附记3：青莲院吉水藏《八斋戒略作法》

这部青莲院吉水藏《八斋戒略作法》，在写这篇论文的当时曾以为是一个重大发现，毕竟连《青莲院门迹吉水藏圣教目录》

竟也没有将之收录。后来在翻阅其他资料时发现，这部文献虽然确为青莲院所藏的重要资料，但其实已经被江户时代成书的青莲院文献集成《门叶记》（大正藏图像部 11—12）所录，所以此后我未将之另撰论文点评。此次逢编辑论文集之际，顺便依青莲院所藏原底本将之录出，以便读者对照。

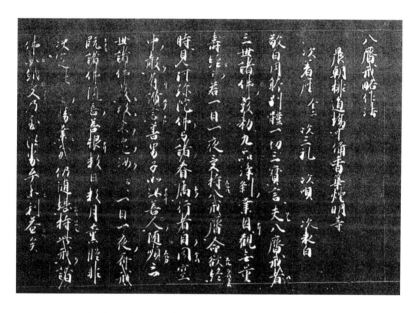

青莲院吉水藏《八斋戒略作法》卷首影印

凡例：

青莲院吉水藏《八斋戒略作法》，现藏于日本京都府天台宗青莲院。本资料按东京大学史料编纂所代管青莲院吉水藏资料影印件整理。

原文假名注音部分省略不录。本资料小字部分为原文细字；字间之空白处及改行原则皆按资料原状备检。断句之点皆系校者添加。该资料文本另收于《大正藏》之图像部第十二卷《门叶记》卷第百十二，改行及内容等与本资料略有出入。

八斋戒略作法

晨朝排道场，可备香华灯明等。

次着座金二，次三礼，次呗，次表白。

敬白同体别体一切三宝言。夫八斋戒者，三世诸佛教敕，九品净刹业因。《观无量寿经》云："若一日一夜受持八戒斋，命欲终时，见阿弥陀佛与诸眷属。行者自闻空中声有赞言，善男子，如汝善人，随顺三世诸佛教，故来迎汝云云。"一日一夜斋戒，既诸佛随喜善根。数日数月薰修，非决定往生胜业哉。仍随堪持此戒，诸佛必纳受乃至法界平等利益矣。

次洒水，次忏悔。

我昔所造诸恶业，皆由无始贪恚痴。

从身语意之所生，一切我今皆忏悔。

次奉请。

奉请十方诸佛菩萨一切贤圣，影向此

空，降月露戒，溢我法器。三说

次三归。

我弟子　归依佛　归依法　归依僧。三说

我弟子　归依佛竟　归依法竟　归依僧竟。三说

次戒相。

如诸佛不杀生，我弟子一日一夜不杀生亦如是。

如诸佛不偷盗，我弟子一日一夜不偷盗亦如是。

如诸佛不淫姓，我弟子一日一夜不淫姓亦如是。

如诸佛不妄语，我弟子一日一夜不妄语亦如是。

如诸佛不饮酒，我弟子一日一夜不饮酒亦如是。

如诸佛不坐高大床上，我弟子一日一夜不

　　坐高大床上亦如是。

如诸佛不香花严身香油涂身着香薰衣，

　　弟子一日一夜不香花严身香油涂身

　　着香薰衣亦如是。

如诸佛不歌舞作乐故往视听，我弟子一日

　　一夜不歌舞作乐故往视听亦如是。

如诸佛不过中食，我弟子一日一夜不过

　　中食亦如是。

　　次回向愿临终正念等颂　　　次神分。

愿我以此受八斋戒殊胜功德，回施法界

一切含识。我与众生永离恶趣及卑劣身，生在佛前，见佛闻法。持戒清洁，发菩提心。断惑修善，速得成佛。

神分　　六种。

（记于2013年6月14日）

称名寺旧藏《授菩萨戒仪》（2013年修订版）

凡例：

称名寺旧藏《授菩萨戒仪》由"菩萨羯磨戒文"、"鸠摩罗什法师诵法"、"高昌本"、"授菩萨戒仪"、"受五戒略仪"、"受八斋戒法"六种资料构成，现分藏于日本神奈川县立金泽文库以及中国上海图书馆。

□为缺字或难辨字；【　】内为对应下线处或缺字处，由校者按他本进行的最小限度校订；小字部分为原文细字或细字双行注；／为两部残卷截断之处；改行断句皆由校者新施。该卷子后半部分图像另收于上海古籍出版社所刊《上海图书馆藏敦煌吐鲁番文献》之附录部分。断句之点皆系校者添加，原文厶字皆改作某字。文中省略号……处，为表示前后行文中断之意，非为缺字及原文书写记号。

授菩萨戒仪　　妙乐

菩萨羯磨戒文　初受三归出大戒品中说

"我某甲从今□□【身至】佛身，于其中间归依佛无上尊，归依法离欲尊，归依□□【僧众】中尊。"如是三说。

"我某甲从今身至佛身，归依佛竟，归依法竟，归依僧竟。"如是三说竟，次为忏悔罪。

"我某甲从无始生死以来，身业不善行煞盗淫，口业不善行妄言绮语两舌恶骂，意业不善行贪瞋邪见。造如是等十恶之罪，三世烦恼一切业障。今于佛前发露忏悔，愿罪灭福生，常与佛会。"弟子起，三礼师。

"汝今已身清净口清净意清净已，佛像前发露忏悔竟。三业清净如净琉璃，内外明彻，信心具足。发菩提心，发大勇猛心，起大精进心。吾今为汝受菩萨十无尽戒。谛听，善思念之。如法修行，正心正意。"如是下三说十戒与弟子

148

"我某甲从今身至佛身，于其中间不得自杀教人杀，是菩萨戒不得犯，能持不？" 答言："能持。"

"我某甲从今身至佛身，于其中间不得自盗教人盗，是菩萨戒不得犯，能持不？" 答言："能持。"

"我某甲从今身至佛身，于其中间不得自淫教人淫，是菩萨戒不得犯，能持不？" 答言："能持。"

"我某甲从今身至佛身，于其中间不得自妄语教人妄语，是菩萨戒不得犯，能持不？" 答言："能持。"

"我某甲从今身至佛身，于其中间不得自酤酒教人酤酒，是菩萨戒不得犯，能持不？" 答言："能持。"

"我某甲从今身至佛身，于其中间不得自说教人说在家菩萨出家菩萨比丘比丘尼罪过，是菩萨戒不得犯，能持不？" 答言："能持。"

"我某甲从今身至佛身，于其中间不得自赞毁他教人自赞毁他，是菩萨戒不得犯，能持不？" 答言："能持。"

"我某甲从今身至佛身，于其中间不得自悭教人悭，是菩萨戒不得犯，能持不？" 答言："能持。"

"我某甲从今身至佛身，于其中间不得自瞋教人瞋，是菩萨戒不得犯，能持不？" 答言："能持。"

"我某甲从今身至佛身，于其中间不得自谤三宝教人谤三宝，是菩萨戒不得犯，能持不？" 答言："能持。"

"吾以三说戒竟，汝今得十无尽戒竟。是真菩萨，是发菩萨心，是真佛子。从佛口生，从正法生，从正戒生。戒行具足，正向当果。生生不求转轮圣王释梵天王世界之乐，不堕三恶道中八难之处。常生天上人中，见佛闻法。

持诵菩萨十重卅八轻戒，念念不去。心若有所不解，当问戒师同学。"弟子礼佛三拜，人礼师足而去。

鸠摩罗什法师诵法　　慧融等集

四部弟子受菩萨戒，原于长安城内大明寺鸠摩罗什法师与道俗百千人受菩萨戒。时慧融道详八百余人，次预彼未书持诵出戒本及羯磨文。受戒法本出《梵网经》律藏品中卢舍那佛与妙海王子千受戒法。又欲受戒弟子先以三礼师足，以香火请一戒师为阿阇梨，将至佛前伏地而听也。

又师应问："汝难忍能忍不？"

"所谓／【以下"上图藏本"内容】十忍也。割肉饲鹰，投身饿虎，斫头谢天，打骨出髓，剜身千灯，挑眼布施，剥皮书经，刺血为墨，烧身供养，刺血洒地。"

"是事能忍不？"

"能诵十重卅八轻戒不？"

"能一一从师如法行不？"

"若不从师教，不应与受戒也。"

又为师之法，是出家菩萨僧，具足五德。一坚持净戒，二年满十腊，三善解律藏，四妙通禅思，五慧藏穷玄。

综经善义，堪为师也。

又为弟子之法。受戒竟即从师请戒本诵之，使有利益。若所不解，当问戒师同学者。综识戒相，若轻若重。

又欲自誓戒者，若千里内无戒师，佛形像前受得戒。自受三归，自忏悔，自受十戒，与师受戒羯磨一种无异，但出口为别也。弟子亦诵十重卅八轻等无有异嘱。来世同学菩萨道者，详而揽用，共弘大道，龙华为期。

高昌本 昙无谶为道进说 或题**畅法师本**

源宗出地持而作法小广。先请师云："族姓大德，我某甲今从大德乞受菩萨戒，唯愿大德忍许听受怜愍故。"三说

次乞戒云："族姓大德，今正是时，愿时与我受菩萨戒。"三说

次问遮法。凡十问。

师应起，为白诸佛唱言："一切诸佛及大地诸菩萨僧听。此某甲菩萨，求我某甲菩萨。欲从诸佛菩萨僧乞受菩萨戒。此某甲已是真实菩萨，已发菩提愿能生深信，已能舍一切所有不惜身命。唯愿诸佛菩萨僧怜愍，故施与某甲菩萨戒。"三说

次问受者言："汝某甲听，一切诸佛菩萨僧今施汝菩萨戒。汝今从一切诸佛菩萨僧受菩萨戒律仪戒摄善法戒摄众生戒。此诸戒是过去未来现在一切菩萨所住戒。如过去菩萨已学，未来

菩萨当学，现在菩萨今学。汝当知如是学，汝能持不？"答：
"能"。三说

次白竟，唱言："此某甲菩萨，于一切佛菩萨前，从我某甲
菩萨边，已第二第三说受菩萨戒竟。我某甲菩萨为作证人。此
受戒菩萨名某甲。"

复白："十方无量诸佛第一胜师，及柔和者，一切众生软学
【觉】者，证知某甲菩萨于我某甲菩萨前已三说，受一切菩萨律
仪戒竟。"三说。

次说十重相竟，结撮赞叹。便散席。

出传受戒法所以如《戒疏》。

授菩萨戒仪　　　天台沙门湛然述

依古德及《梵网》《璎珞》《地持》并《高昌》等文。授菩萨
戒行事之仪，略为十二门。虽不专依一家，并不违圣教。

第一开导

第二三归

第三请师

第四忏悔

第五发心

第六问遮

第七授戒

第一开导者，应先问言："欲受何戒？"佛法大海，深广无崖。唯信能入，由有信故，三学可成，菩提可至。故三学中，以戒为首。菩提旷路，戒为资粮。生死大海，戒为船筏。三途重病，戒为良药。然戒有多种，五、八、十、具、菩萨律仪。五戒报人，八十报天，出家大戒，感小解脱。三明六通，无余永寂。菩萨律仪，检三千威仪八万细行，报得佛果。三身四德相好，不共一切功德。

今既不求人天小果，唯欲专求无上菩提，须具六法，□【方】可得戒。

一能受人，谓能受戒者，须预知颁类及以人数，于中几许。中国边方，徐【余】道杂类，虽得人身，无有安乐。八苦交逼，四蛇竟煎，四大危脆，念念不住。六贼争驱，新新生灭。设受余戒，虽报人天，不免沉没。二乘小果，永住涅槃。故须虔诚，誓求极果。

二所依处。先须谘白，无内外障，安置坛场，庄严清净。皆令地铺，使受者安隐。

三者高座秉法。

四者专求大道。

五者生希有心，如贫如饥，如病如怖，得宝得食，得医得安。不生一念散乱之心。若无恳诚，徒劳彼此。

六者专为利他求戒，以菩萨发心利物为本。发大勇猛，不惜身命。誓与众生同入真如法界大海。

第二三归者，应教言："弟子某甲愿从今身尽未来际，归依佛两足尊，归依法离欲尊，归依僧众中尊"三说。

"弟子某甲等，从今身尽未来际，归依佛竟，归依法竟，归依僧竟"三说。

"从今已往称佛为师，更不归余邪魔外道。唯愿三宝慈悲，摄受慈愍故。"应须广明一体三宝为所依境，复知此境有于别相住持等用之也。

第三请师，唯合自陈，恐汝不解，我今教汝："我某甲等，今从大德求受菩萨戒，大德于我不惮劳苦慈愍故。"此但是请传教之师。

次请众圣为授戒师。

先请和上词云："弟子某甲等，奉请释迦如来应正等觉为和上。我依和上故得受菩萨戒慈愍故。"礼一拜。

"文殊师利菩萨为羯磨阿阇梨，弥勒菩萨为教授阿阇梨，一切如来为尊证师，一切菩萨为同学等侣。"词句具如和上。

当知圣师神通道眼，皆悉见闻，如对目前。是故行者请得师已，虽对凡师，恒如睹圣。

准高昌本自此已后无有忏悔，但更加乞戒，亦先教其从传教师。乞云："族姓大德，今正是时，愿时施我菩萨戒法。"

次戒师应起，为自【白】圣师云："敬白十方尽虚空界一切诸佛，诸大菩萨。此某甲等，求我白诸佛菩萨，欲从诸佛菩萨乞受菩萨。此某甲等，已发大愿，已有深信，能舍一切，不惜身命。唯愿诸佛菩萨怜愍故，施与某甲等菩萨戒。"三说。

第四忏悔者，无始已来，谁能无罪。或有重罪，障戒不发，故须忏悔。故昙无最【忏】三年始获，故有上□【根】上行之人，宜应静处别置道场，事理合行，精诚恳倒，上品相现，戒品自成。今此通方被时行事利根之仕，逐语想成，宿种现加，式辨前事。故今略出济世生善利物之仪。于中为三，先明忏意，次明运心，三□【正】说罪，为忏方法。

初云意者，夫言戒者，是白净法。法器清净，方堪进受。如净洁絮，易受染色。是故先教忏悔洗浣，亦如浣故衣先以灰汁，后用清水。然佛灭后向二千年，正法沉沦，邪风竞扇。众生薄祐，生在此时。□【纵】有听闻，颇生信受，犹如画水，不得久停。空中造立，难可成就。良由惑障深厚，见执铿然。若不起于殷重之心，罪无由灭。罪若不灭，戒品难期。是故不可辄尔而受。

然忏悔法有其三种，上品忏者，举身投地，如太山崩，毛孔流血。中品忏者，自露所犯，悲泣流泪。下品忏者，通陈过咎，随师口言："今虽下品，犹请诸佛诸大菩萨为作证明。诸佛菩萨有大慈悲，常欲令于法界众生，如我无异。虽观众生，犹如赤子。□【然】须行者自发精诚。如请大王先须净舍，亦如浊水日轮不现。三世诸佛皆因此戒得成菩提。"云云。

次运心者，虽从戒师说罪名种，然须先运逆顺十心，重罪方灭。故天台大师于《大止观》忏净文中具立此方成四三昧。彼具解释，今略列名。以为行者作灭罪良缘。先言顺流者，谓无始来，随顺生死。自微至著，不逾斯十。

一者妄计我人

二外加恶友

三不随随【喜】他善

四纵恣三业

五恶心遍布

六昼夜相续

七覆讳过失

八不畏恶道

九无惭无愧

十拨无因果 亦须略教依名运念令罪消灭也。

次明逆流，所言逆谓逆生死。依前顺流次第逆上，如欲破贼，先须知贼根源窟穴。故知必须从后向前，如人倒地，还从地起。

一正信因果

二自愧尅责

156

三怖畏恶道

四发露瑕玼

五断相续心

六发菩提心

七修功补过

八守护正法

九念十方佛

十观罪性空。须一一释对破所以，故知无始罪障，不可卒除。如伐树得根，灸病得穴。故须逆顺观其罪，由见罪性空，方为永谢。

　　运此心已，作如是言：

　　"仰启十方尽虚空界一切三宝，释迦如来，当来弥勒，十二部经真如藏海，诸大菩萨缘觉声闻，证明我等披陈忏悔，从无始来至于今日，于其中间，皆由妄计我人，为贪嗔痴无量烦恼恼乱身心，纵恣三业具造十恶五逆四重。作一阐提拨无因果。具刊【列】十恶五逆四重无因果相。坏僧伽蓝，焚烧经像。身四威仪，损殇含识。盗三宝物，及余趣财。颠倒邪淫，污染梵行。污父污母，污比丘比丘尼、人男人女、畜生鬼神等一切男女。诳惑三宝，谤三乘法。言非佛说，障碍留难。或饮酒食肉，无慈愍心。或食五辛，薰秽三宝。或于一切出家人所，有戒无戒，持戒破戒，打骂诃责，乃至于一切有情无情，作不饶益。如是等罪，不可数知。自作教他，见闻随喜。对三宝前，披陈忏悔。齐佛所知，不敢覆藏。一忏已后，永断相续。更不敢作，愿罪消灭。唯愿三宝，慈悲证明。"三遍已。

语之"欲入佛海，以信为本，生在佛家，以戒为本。故有三归，乃至菩萨戒。然受五、八、十戒，人如秉烛夜行，所见不远。受小乘戒，如月下游，虽未大明，犹胜灯烛。若受大乘戒，如在日中，无不晓了，能摧八难，能免八苦。远离二死，具足二严，四德圆满，降伏四魔。"云云。

第五发心者，先当继念十方诸佛，为所期果。是故《经》云："若能念佛，得见佛心。佛心复以慈悲为本，慈悲乃以弘誓居先。是故弘誓为菩提因。"具足为说发四弘心。

发弘誓已，复加四心，以成弘誓。

一者观于一切众，如佛无异。

二如国王。

三如父母。

四如大家。

何以故？佛为法王，是所求故。心佛众生，三无别故，王居国尊，亲在家尊。大家复为下类中尊。因中生于果上想故，若不尔者，何能度之？为度众生，立余三誓。

又复发四种心。

一者所作功德与众生共。

二者愿一切众生，过于烦恼生死大海。

三愿共众生，通达一切诸经了义。

四共众生至于菩提。

此亦四弘之别名，而以利生为本，故并俱于众生起想。以四弘誓，利生为本。

既发心已，三业清净。犹如明镜，内外清澈，堪受净戒。以此戒品，具足三聚，遍收一切法故。

第六问遮者，既能发心，建立行相。行相不出自行化他。自行故上求，利他故下化。汝等既知发心之相，堪能成就，满足四弘。此但现在身心发趣。若有遮难，戒品不发。

故《梵网戒经》云："若有七遮，不应为受。"

"我今问汝，当如实答。若不实答，徒苦自他，无所克获，虚称菩萨，则为欺诳一切众生，负心诳佛，枉受利养。"

"汝不曾出佛身血不？"_{应答云："无。"}

"不煞父不？"

"不煞母不？"

"不煞和上不？"

"不煞阿阇梨不？"

"不破羯磨僧不？"

"不煞圣人不？"

"若无七遮，堪得受戒。应须起专注心，发殷重心。今此方欲授汝等戒，发于戒品。心若专志，如仰完器，则有所克。一念差违，犹如覆器，必无所成。然此戒者，无有形色，而能流注汝等身心。尽未来际，成就大果。而于尔时，无所觉知。向若有形，入汝身时，当作天崩地裂之声。故须系念，不得余觉及余思惟。"_{须具为说缘境，为发戒缘也。}

第七正授戒者，先略示三相，次正授戒。

言三相者，所谓摄律仪戒、摄善法戒、饶益有情戒。应须广辨三聚广狭偏圆之相，以作行者期心之本。若不尔者，秉法不成，小乘亦有三聚名故。

次正秉法者，应语言："汝等谛听，汝等今于我所，求受一切菩萨净戒，求受一切菩萨学处。所谓摄律仪戒、摄善法戒、饶益有情戒。此诸净戒，此诸学处，过去一切菩萨，已受已学已解已行已成；未来一切诸菩萨，当受当学当解当行当成；现在一切诸菩萨，今受今学今解今行，当来作佛。汝等从今身尽未来际，于其中间不得犯。能持不？"三问三答。

第一遍时，应语言："十方法界一切境上，微妙戒法悉皆动转。不久当应入汝身中。"

第二遍已，次即语云："此妙戒法，即从法界诸法上起，遍虚空中，集汝顶上，微妙可爱，如光明云台。"

第三遍初，复应示言："若更一遍，此妙戒法，入汝身中，清净圆满。正在此时，纳受戒法。不得余觉余思，令戒不满。"

第三遍已，语言："即是菩萨，名真佛子。"

故《大经》云："发心毕竟二不别，如是二心先心难。"

第八证明者，戒师应为受者作白言："弟子某甲，仰启十方尽虚空界一切诸佛，于此世界一四天下，南赡部洲人主地，大唐国某洲某县某僧伽蓝中佛像前，有众多佛子来于我所，来受菩萨戒竟。我已为作证明，唯愿诸佛亦为作证明。"三说。

请诸菩萨，亦如向说。三说。

第九现相者，受者既有三品之心，相现亦有三品不同。所谓凉风异香异声光明，种种异相。

于十方界，此相现时。彼诸菩萨各问彼佛："何因缘故有相现？"彼佛各答彼菩萨言："此相现者，某方某界某国某处，有众多佛子，于某师所，三说求受菩萨戒竟。今请我等，而作证明。我为作证，故有此相。"彼诸菩萨，各各欢喜，咸相谓言："于如是等极恶处所，具足如是猛利烦恼恶业众生，能发如是极胜之心，甚为希有，深生怜愍。乃于汝等，起于汝坚固梵行之心。十方菩萨尚发是心，是故汝等宜应志心守护禁戒，不惜身命，勿令毁犯。"

上品相者，上风上香上光明等。中下准此。唯佛能了，余无能知。

第十说相者，谓略陈持犯。如声闻中略说四夷，故大乘略陈十重。以从易持难，忏者说应先为说此名总名。

波罗夷者，此是梵音。此土往翻名"他胜处"。善法益己，名之为自。恶法损己，名之为他。若恶法增，损害善法，名为"他胜"。然论持犯，乃至有命一针一草等，皆名"持犯"。

今从易识，妨损处深故，且随说说云：

"若诸菩萨已于戒师所三说，求受菩萨戒竟……"

"若自煞，若教人煞。若作坑阱，与人非人药、施设方便。非真菩萨，假名菩萨，无惭无愧，犯波罗夷。汝从今身尽未来际，于其中间不得犯！能持不？"答言："能持。"

161

"若自盗，若教人盗。盗人五钱，若过五钱。若烧、若埋、若坏色，如是五大五尘……"

"若淫人男女。诸天鬼神，畜生男女，作不净行……"

"若非真实非己有，自言得禅、得解脱、得定、得九大禅、得初信乃至等觉妙觉，天龙鬼神来供养我……"

"若酤诸酒……"

"若说出家在家菩萨，言犯十波罗夷中随犯一波罗夷……"

"若自赞己'真实所得'。并毁出家在家菩萨，言犯十重中一一重罪，卌八轻中一一轻罪……"

"若悭法悭财。有来求法者，不为说一句一偈；财不施与一钵【针】一草，及【反】生骂辱……"

"若嗔一切出家在家菩萨。若非菩萨诸天鬼畜，忏谢不解……"

"若谤三宝。若增若减，若相违若戏论，下至一句……"

一一文若初若后。皆初至"……戒竟"。后从"非真……"。并同初句。

第十一广愿者，上来受戒，但是起行。菩萨之仪，利他为本。是故更须以愿加之。

师应教言：

"弟子某甲等，愿以忏悔受戒发心所生功德，回施法界一切众生。愿法界众生未离苦者，愿令离苦；未得乐者，愿令得乐；未发菩提心者，愿令发菩提心；未断恶修善者，愿断恶修善；未集佛法者，愿集佛法；未利生者；愿早利生；未成佛者；愿速成佛。又以此功德，愿共法界诸众生等，舍此身已，生极乐界。弥陀佛前，听闻正法。悟无生忍，具大神通。游历十方，供养诸佛。常闻无上大乘正法，福智资粮。自行化他，生十方佛前。一切佛法，速得圆满。又以此功德，愿共众生，从今已往，于自行门，未得无生忍前，永离三恶道身、永离下贱身、永离女人身、永离拘系身。常于佛法中，清净修诸行。于利他门，分身十界十方国土，常为众生，作大知识，示其正道，令生实果。愿诸众生，闻我名者，发菩提心；见我身者，断恶修善；闻我说者，得大智惠；知我心者，早成正觉。"

发愿已，礼三宝。

第十二教令持戒者，既得戒已，如服良药，须知禁忌，及以补养。自行断恶为禁忌，利他修善如补养。是故应须具足二持，遍修诸善，遍断诸恶，勤行慈救，恭敬三宝。云云。

于一一行，悉须以愿而加护之。常思满足四弘之愿，六度四等不离刹那，以妙观门融通万境。事理具足正助合修，圆顿十乘超逾十境。云云。

授菩萨戒仪 抄取延历寺藏本，比丘慧裯与王书之。元庆五年四月十三日追录之。王记："处处怗著文者，为充自用也，莫书本上。"

受五戒略仪

夫五戒德高，冠超众象。为入三宝海之源本，寔【"实"字异体】出四魔境之前阵也。

故《经》云："有善男子女布施满四天下，众生四事供养尽于百年，不如一日一夜持戒功德。"

所以《智论》云："若不持戒而行施者，得不净果故也。今受五戒。时能行三施故，其功莫大焉。三施者，财施、法施、无畏施也。谓不盗者，已施财施法界有情。言不杀者，已施无畏法界有情。即用戒法行已化他，即遍法施法界有情也。慈悲愿行，自它等利，澄惑发智，岂过于此。《阿含》等经云："受前忏罪"。

故偈曰：

　　我昔所造诸恶业，皆由无始贪恚痴。从身语意之所生，一切我今皆忏悔。

"我某甲归依佛、归依法、归依僧。尽形寿为五戒满分优婆塞。如来至真等正觉是我世尊"三说发戒。

"我某甲归依佛竟、归依法竟、归依僧竟。尽形寿为五戒满分优婆塞。如来至真等正觉是我世尊"三说结竟。

《智论》：

戒师应语言："汝优婆塞听，是多陀阿伽度阿罗呵三藐三佛陀为优婆塞说五戒法相。汝当听爱【受】，尽形寿不杀生，是优婆塞戒能持不？"答："能持。"

164

"尽形寿不盗，是优婆塞戒能持不？"答："能持"。

"尽形寿不邪淫，是优婆塞戒【能】持不？"答："能持。"

"尽形寿不饮酒，是优婆塞戒能持不？"答："能持。"

是为在家人五戒。汝尽形受持，当供养三宝劝化作诸功德，年三月六须持斋。用此功德回施众生，共生净土果成佛道。

依《羯磨经》及《行事钞》录出

受八斋戒法

先启白

"敬白十方常住，一切三宝"

而言："某甲自背性成迷已来，业识茫茫，无由窒【疑为音通"静"或"净"字】息；苦海漫漫，何时得澄。今幸得遇释尊遗教，传受戒品，超脱生死。"

所以戒品之中，易持功大者，无过于一日一夜八斋戒。故《四天王经》云：

"若持一日戒，功必如佛。"《处胎经》云："八关斋者，诸佛父母。"云云。

现处诸佛之称叹，当得菩提之妙果。易持功大，良由于此。是故某甲每于斋日，自誓受八关斋戒者也。

次忏悔

"我昔所造诸要【恶】业，皆由无始贪瞋痴。

从身语意之所生，一切我今皆忏悔。"

次奉请

"弟子某甲奉请释迦如来为和尚，奉请文殊师利菩萨为戒师，奉请弥勒菩萨为威仪师，奉请十方诸佛为证戒师，奉请十方诸菩萨为戒同伴，奉请梵释四王天龙八部诸天众等为戒护众。仰愿十方法界诸佛菩萨一切圣众，影响此空，灌甘露戒，溢我法器。"

次三归正受戒法

"我弟子某甲归依佛、归依法、归依僧。今一日一夜为净行优婆塞。"三授

"我弟子某甲归依佛竟、归依法竟、归依僧竟。今一日一夜为净行优婆塞竟。"三结

次说戒相

"如诸佛不杀生，我弟子一日一夜不杀生亦如是。"

"如诸佛不偷盗，我弟子一日一夜不偷盗亦如是。"

"如诸佛不淫泆，我弟子一日一夜不淫泆亦如是。"

"如诸佛不妄语，我弟子一日一夜不妄语亦如是。"

"如诸佛不饮酒，我弟子一日一夜不饮酒亦如是。"

"如诸佛离花香璎珞香油涂身，我弟子亦离花香璎珞香油涂身亦如是。"

"如诸佛离高胜床上坐及作倡伎乐故往观听，我弟子一日一夜离高胜床上坐及作倡伎乐故往观听亦如是。"

"如诸佛不过中食，我弟子一日一夜不过中食亦如是。"

次发愿

"我今以此八关斋功德，不堕恶趣八难边地。持此功德，摄取一切众生之恶。所有功德惠施彼人，使成无上正真之道，亦使将来弥勒佛世，三会得度生老病死。"

（此校订原刊神奈川县立金泽文库《金泽文库研究》271号，2004年3月。中文版原刊岳麓书社《戒幢佛学》3号，2005年1月。修订于2013年4月17日）

附记：2004年校订后的一些反馈以及新问题

一、野本觉成的意见

此篇菩萨戒资料的校订在 2004 年刊登于《金泽文库研究》之后，其实并未得到学界的重视，不过其中的湛然《授菩萨戒仪》还是引起了一部分学者的注意。天台宗典编纂所是一家隶属于日本天台宗，以发行编纂天台学文献资料为主的机构。当时的总编野本觉成先生（2010 年退休），就肯定了本文对于最澄《授菩萨戒仪》关联性的一些推测，其认为金泽本的湛然《授菩萨戒仪》之所以与通行本存有文字差异，是因为传承过程中发生的改动，而金泽本无异是更接近湛然亲撰的版本。然而从日本天台宗的角度而言，首先是此篇校订所出六种资料，是不是代表了当时日本天台对于大乘菩萨戒的普遍认识虽还有待商榷，但是其排列次序，特别是前四种的次序，或许忠实地记载了当时荆溪湛然在完成菩萨戒仪修订所依据的资料构成；其次为日本天台宗开祖最澄在日本开创授大乘菩萨戒的先河，并撰有同名资料《授菩萨戒仪》，今后凡研究最澄戒思想的学者，都将无法避免对金泽本戒律资料进行关联性分析。

二、加藤荣司的一些指正

2009 年，加藤荣司先生以卍续本（即通行本）为底本，参考我校订的金泽本湛然《授菩萨戒仪》以及《净土宗圣典》所录本、最澄《授菩萨戒仪》，拟订校本《授菩萨戒仪》，更提出多达七十条意见以待学界商榷，确实令人敬服和感谢。

我曾与加藤先生在 2007—2009 两年间，同在中村元先生创设的财团法人东方研究会的亚洲宗教历史文化部门担任研究员，因研究领域接近，相互有一定的学术交流。加藤先生对学界贡献颇多，其中以法藏馆于 2004 年出版的译著《现代语译南海寄归内法传——七世纪印度佛教僧伽之日常生活》（与宫林昭彦合译）最为重要。此译著并于 2006 年获得日本印度学佛教学会铃木学术财团特别奖。

然就我而言，加藤先生的这篇校本《授菩萨戒仪》，则让我有了一个由另一个角度重审金泽本校订稿的机会。

加藤的七十条意见多为金泽本与最澄本的内容一致处，却往往与通行本不同。简言之，他的结论就是湛然《授菩萨戒仪》可能存有两个系统的传承，一个是以通行本为主的传承，另一个就是以最澄《授菩萨戒仪》为主的传承（金泽本，《净土宗圣典》所录本也算这个系统）。相对而言，最澄《授菩萨戒仪》为主的传承，文字修辞较为精美。而通行本系统有一定的修辞欠妥处，不能排除其在传承过程中混有误记的可能性。

而我注重的是七十条意见中仅针对金泽本的一些校异处，是否能给我更多的启示，从而进一步完善校订工作。

其中第12条意见认为，"第二三归"第四行，他本皆作"更不归余"，唯有金泽本作"更不归依余"。就是说，金泽本多了一个"依"字。

细看右图，确实在"依"字旁多了两点，这应该是抄家留下的衍字记号。加藤虽没有看过原本，但他在合校时发现的问题提醒了我，让我修正了这个失误。

169

另第 39 条意见认为，"第四忏悔"倒数第七行，他本皆作
"齐佛所知"，唯金泽本作"斋佛所知"，或为误抄。

其实金泽本并没有误抄，而是我的误读！细看下右图，确
为"齐"字异体。另附下左图《类聚名义抄》齐字例供对照。
此次重校修正了这个失误。

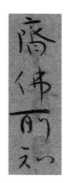

另第 52 条意见认为，"第五发心"最后一行，他本皆作
"清澈"，唯金泽本作"清净澈"。

这确又是我的失误。同样这里也是没有看清衍字记号的问
题。下图净字中间有小圈，左右两侧并注点，净字确为衍字！

170

加藤兄的这些重要的指教，此次一一进行了修订。且让我重审了衍字记号的存在，并纠正了一些同类问题。

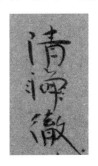

三、避讳问题之展开

罗振玉在"卜筮书残卷"的题记中称，"凡丙丁之丙皆作景，白虎作白兽。而隆字不缺笔，乃初唐写本之证。"

而陈垣在《史讳举例》第六十五"因避讳断定时代例"，根据《册府元龟》卷三"宝历元年，祧迁不讳"的记录，就此例补充了"隆字不缺笔，似亦不足为初唐写本之证"。

但是，卜筮书是由遣唐使携来扶桑，按宝历元年为西元825年，而由残卷识语可知881年之前已至日本。始于七世纪初终于九世纪末的遣唐使派遣计划的次数虽诸说纷纭，然825—881年之间只进行了一次，也是最后一次，即承和5—6年（838—839）的派遣。所以假使以陈垣说法来论证此本并非初唐写本的话，卜筮书则只能随承和6年的归国船至日，而这样的论证结果难免有些武断。

我虽然比较倾向罗振玉的说法，然既无的证，则不妨两存其说！

在"湛然'授菩萨戒仪'最古抄本之发现"一文中，对于最后一种资料，即《受八斋戒法》，我曾提到"由于在中国撰述的文献中，无法找到和此受八斋戒法非常一致的文献，作为一种推测，此文献是否是日本撰述还待今后细考。"

如果抄写于日本的《受八斋戒法》中出现了明显的缺笔字时，又该如何看待这个问题呢？

第一，简单的结论，没有避讳习惯的日本人写错了。日人抄写的文献反正缺笔加笔、缺点加点的现象较频繁，无视这样的缺笔，校订时改回原字即可。

第二，值得继续探讨，日本人照抄中国传来文献时，将因避讳而缺笔的字都照搬抄写了。这样的话，首先值得再考的是文献的成立地点到底是中国还是日本。其次，文献的成立时间也有了商榷的余地。

《受八斋戒法》正文第一字"敬"就大大地缺了最后一笔。很难想像这个遒劲的"敬"字是偶尔忘记抄写了最后一笔，但也不无可能。"敬"字的缺笔例多见于宋代，因为太祖赵匡胤的爷爷叫赵敬，需要忌避一下。日本尊经阁文库所藏南宋本《世说新语》就有很多"敬"字缺笔之例。下左图为宋本《世说新语》的字例，下右图为上图本《受八斋戒法》的字例。

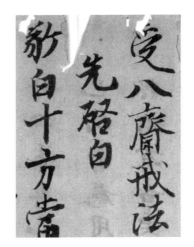

明史学家黄云眉先生曾在其著《明史考证》中，对前人争议不断的所谓建文帝下落的历史悬案作过"或死或出亡，既皆无可凭之的证，则不妨两存其说。"（第一册六一页）的解答。固执己见也许出自学者的矜持，而海纳百川则能更合理地看清事物原本的诸相。

（记于2013年5月22日）

金泽文库藏湛睿版《授菩萨戒仪》校订
——兼议加藤荣司七十条校

关于金泽文库所藏的另一本湛然述《授菩萨戒仪》，笔者曾在2002年撰"日本金泽文库所藏中国撰述天台典籍览查记"（收录于《戒幢佛学》第二卷，岳麓书社）一文作过简单的介绍。

抄写这部《授菩萨戒仪》的是称名寺第三代方丈湛睿

湛睿《授菩萨戒仪》跋记部分

（1271—1346）。湛睿著有《华严演义钞纂释》、《华严五教章纂释》、《起信论义记教理钞》、以及律宗三大部的注释等五十余部著作，为日本镰仓时代以及南北朝时代的名副其实的学僧。湛睿幼年师从《八宗纲要》的著者东大寺凝然（1240—1321）习律学及华严。文保二年（1318）起挂搭称名寺，历应二年（1339）成为称名寺第三代住持直至贞和二年（1346）迁化。

按湛睿的抄记，这部《授菩萨戒仪》为正和四年（1315），其四十五岁时于比叡山东塔东谷神藏寺僧房所钞。而就文献学角度而言，这部《戒仪》也是确认九世纪初传入日本的湛然述《授菩萨戒仪》在历经五百余年后内容变迁的重要资料。理由显而易见，不仅因为湛睿本人对于律学有着颇高的造诣，还因为它被钞于日本天台宗本山比叡山，而东塔东谷神藏寺在镰仓时代则为学僧云集的比叡山五大别院之一（东塔东谷神藏寺，西塔黑谷，横川灵山院，横川帝释寺，安乐谷安乐院）。所以湛睿所钞的这部《戒仪》的内容具有相当高的正统性。

位于比叡山东塔东谷的神藏寺，亦作"东塔南谷神藏寺"（《贞传集》亨卷），后世日本净土宗认可的略式菩萨戒《机受戒略戒仪》（《黑谷略仪》）亦相传出自于神藏寺和尚传信（十三—十四世纪僧）之手。现在神藏寺已不复存在，但通过阅读后醍醐天皇（1288—1339）行幸比叡山的记录，即著于1330年的官方资料《元德二年三月日吉社并叡山行幸记》〈吕六〉段，可知"神藏寺者，褊衫僧所栖，菩萨戒相承不绝，或六年，或十二年，而不出里，食芝绝粒气色，诚少见例也。方是当山者，秽土中之净土，天仙外之神仙也"（笔者据原文直译，原文见《室町ごころ 中世文学资料集》第342页，角川书店，1978）。这也从另一个侧面印证了神藏寺长久以来持守菩萨戒的传统。

加藤荣司先生曾在2009年，以卐续本（即通行本，以下简称续藏本）为底本，参考笔者校订的金泽本湛然《授菩萨戒仪》（以下简称金泽本）以及《净土宗圣典》第五卷所录本（以下简称净土本），大正藏、日佛全、传教大师全集所录最澄《授菩萨戒仪》（以下简称最澄本），拟订了校本《授菩萨戒仪》，并提出多达七十条意见以待学界商榷。而其的一个重要结论就是湛然《授菩萨戒仪》可能存有两个系统的传承，一个是以通行本为主的传承，另一个就是以最澄《授菩萨戒仪》为主的传承（金泽本，《净土宗圣典》所录本也算这个系统）。

然而与其以明治末期仓促编辑的卐续本《授菩萨戒仪》为底本，不妨试用现藏于金泽文库的镰仓时代律学巨匠湛睿的手泽本来进行再订。此外最澄本虽为同名文献，然删补处繁多，作为校本有欠妥当，似乎只可作为参考资料对待。本文则以十四世纪的湛睿版《授菩萨戒仪》（以下简称湛睿本）为底本，并参考以九世纪的金泽本《授菩萨戒仪》为主的各版本，并以【加藤校】及【林议】等案语对于加藤荣司以及笔者在《授菩萨戒仪》校订时所生的一些问题尝试作一分析及总结。

凡例：

底本湛睿版《授菩萨戒仪》由日本僧人湛睿于正和四年

176

（1315）钞于比叡山东塔东谷神藏寺僧房，后保存于称名寺，现藏于日本神奈川县立金泽文库。

第一校本为金泽文库及上海图书馆所藏《授菩萨戒仪》（下简称金泽本）。参考校对本为续藏经所录《授菩萨戒仪》（下简称续藏本）。《净土宗圣典》第五卷所录本（以下简称净土本）及大正藏、日佛全、传教大师全集所录最澄《授菩萨戒仪》（以下简称最澄本）仅作为校对参考资料。

【 】为针对底本缺损处所作补订内容；小字部分为原文细字或细字双行注，改行断句皆系校者新施。文中省略号……处，为表示前后行文中断之意，非为缺字及原文书写记号。明显的异体字统一为常用字，不在校订范围。

【加藤校云云】者，取其七十条校之大意，而非照译原文。【林议】者，为参照湛睿本针对加藤校所作的补充及修正。【林校】者，为湛睿本之校订内容。

授菩萨戒仪　　天台沙门湛然述

依古德及《梵网》《璎珞》《地持》并《高昌》等文。授菩萨戒行事之仪，略为十二门。虽不专依一家，并 ^① 不违圣教。

第一开导　第二三归　第三请师

第四忏悔　第五发心　第六问遮

第七授戒　第八证明　第九现相

第十说相　第十一广愿　第十二劝持

①【加藤校第一】"并"字，续藏本与他本字体不同。

【林议】此属异体字范畴，可不作校。

　　第一开道①者，应先问言："欲受何戒？"佛法大海，深广无崖。唯信能入，由有信故，三学可成，菩提可至。故三学中，以戒为首。菩提广路②，戒为资粮。生死大海，戒为船筏。三途重病，戒为良药。然戒有多种③，五、八、十、具、菩萨律仪。五戒报人，八十报天，出家大戒，感小解脱。三明六通，无余永寂。菩萨律仪，〈检三千威仪〉八万细行④，报得佛果。三身四德相好，不共一切功德。今既不求人天小果，唯欲专求无上菩提，须具六法，方可得戒⑤。一⑥能授人，谓能授⑦戒者，须预知颁⑧类及以人数，于中几许。中国边方，余⑨道杂类，虽得人身，无有安乐。八苦交逼，四蛇竞煎，四大危脆，念念不住。六贼争驱，新新生灭。设受余戒，虽报人天，不免沉没⑩。二乘小果，永住涅槃。故须虔诚，誓求极果。二者所依处⑪。先须谙白，无内外障，安置坛场，庄严清净。皆令地铺，使受者安稳⑫。三者高座秉法。四者专求大道。五者生希有心，如贫如饥，如病如怖，得宝得食，得医得安。不生一念散乱之心。若无恳诚，徒劳彼此。六者专为利他求戒，以菩萨发心利物为本。发大勇猛，不惜身命。誓与众生同入真如法界大海。

　　①【林校】"开道"，当依金泽本改作"开导"。

　　②【林校】"广路"，同净土本、续藏本。然金泽本，最澄

本皆作"旷路"。

③【加藤校第二】"然戒有多种",唯续藏本作"戒有多种",与他本不同。

【林议】湛睿本亦作"然戒有多种"。续藏本疑脱"然"。

④【加藤校第三】金泽本与最澄本有"三千威仪",续藏本无。

【林议】湛睿本、净土本亦无"检三千威仪",续藏本此处内容变化由来,可远溯至湛睿本以及净土本。

⑤【加藤校第四】"方可得戒",唯续藏本作"可得戒",疑脱"方"。

【林议】湛睿本亦作"方可得戒"。续藏本脱"方",加藤说是。

⑥【加藤校第五】"一",唯续藏本作"一者",按下文二至六皆有"者",或当作"一者"。

【林议】湛睿本亦作"一"。续藏本加"者"字亦无大碍。

⑦【林校】"能授人"、"能授戒",同净土本、续藏本、最澄本。然"授"字,金泽本两处皆作"受"。

⑧【加藤校第六】"颁类",唯净土本改作"杂类",按下文有"余道杂类"之说,或当依净土本作"杂类"。然"杂"、"颁"字形相异,仅以下文"余道杂类"为由改之,略有不妥嫌疑。

【林议】湛睿本亦作"颁类"。按"颁类"词例甚稀,此处依文意似近分类或类型,而绝非仅限杂类之意,意谓当预知能受戒之人之资格及人数。"颁类"词义待再考。

⑨【林校】"余道",同净土本、续藏本、最澄本。然金泽

179

本作"徐道"，金泽本误记。

⑩【加藤校第七】他本皆作"设受余戒，虽报人天，不免沉没"，唯续藏本作"设虽受余戒，报人天，不免沉没"。续藏本此处误。

【林议】湛睿本同他本。加藤说是。

⑪【林校】"二者所依处"，同净土本、续藏本、最澄本。然金泽本作"二所依处"。

⑫【林校】"安稳"，同净土本、续藏本、最澄本。然金泽本作"安隐"，金泽本误记。

第二三归者，应教言①："弟子某甲②愿从今身尽未来际，归依佛两足尊，归依法离欲尊，归依僧众中尊"三说。"弟子某甲等③，从今身尽未来际，归依佛竟，归依法竟，归依僧竟"三说。"从今已往称④佛为师，更不归⑤余邪魔外道。唯愿三宝慈悲，摄受慈愍故。"应须广明一体三宝为所依境，复知此境有于⑥别相住持等用之也。

①【加藤校第八】金泽本、最澄本作"应教言"，续藏本作"应教而言"，净土本作"应教言言"。金泽本、最澄本或为原始形式；净土本不免文字拙劣；续藏本虽文意通顺，实难评价如此改动之意义。

【林议】湛睿本作"应教言"。当知金泽本、最澄本的部分内容确与湛然撰《授菩萨戒仪》原始文本较为接近。净土本确实欠通文意。而续藏本之改动，生生拆散"教言"，强安接续词

180

"而"，不啻画蛇添足。

②【加藤校第九】唯最澄本作"弟子某甲等"。此当为最澄考虑后文内容所作的修改。

【林议】此处，金泽本、湛睿本、净土本、续藏本相同，亦可间接证实即使日本天台开祖最澄按东瀛国情撰有别版《授菩萨戒仪》，而湛然撰《授菩萨戒仪》的影响力也并未因此而被削弱，比叡山各寺院传习湛然撰《授菩萨戒仪》的传统依然兴盛。

③【加藤校第十】"等"，唯净土本作"愿"，净土本或欲迎合前句"弟子某甲愿"形式而改。

【林议】此处他本皆作"弟子某甲等"。净土本此处或为后世修改。

④【加藤校第十一】"称"，唯续藏本作"归"，检索电子版大正藏及续藏可知包括慧思《受菩萨戒仪》在内，存在数十例"称佛为师"，而"归佛为师"仅续藏本湛然《授菩萨戒仪》一例。仍不敢断续藏本此处是否为误。又似乎是续藏本的编者在参考下文"不归"后所作的改动。更觉得此处只是续藏本编辑过程中人为的误记而已。

【林议】湛睿本亦作"称"。续藏本此处当为误记。

⑤【加藤校第十二】"不归"，唯金泽本作"不归依"。

【林议】金泽本的"依"字旁确实注有衍字记号，所以金泽本亦作"不归"。加藤的提醒使修订版订正了这个失误。

⑥【林校】"于"，唯续藏本无"于"。

第三请师①，唯令②自陈，恐汝不解，我今教汝。我今教汝③："我某甲等，今从大德求受菩萨戒，大德于我不惮劳苦慈愍故。"此但是请传教之师。次请众④为授戒师。先请和上词云："弟子某甲等，奉请释迦如来应正等觉为我⑤和上。我依和上故得授⑥菩萨戒慈愍故。"礼一拜。

"文殊菩萨羯磨阿阇梨⑦，弥勒菩萨为教授阿阇梨，一切如来为尊证师，一切菩萨为同学等侣。"词句具如和上。当知圣师神通眼⑧，皆悉见闻，如对目前。是故行者请得师已，虽对凡师，恒如都⑨圣。准高昌本自此已后无有忏悔，但更⑩加乞戒，亦先教其从传教师。乞云："族姓大德，今正是时，愿时⑪施我菩萨戒法。"次戒师应起，为白圣师⑫言：独词三反下礼盘起，独可唱⑬："敬白十方尽虚空界一切诸大菩萨⑭。此某甲等，求我白诸佛菩萨，乞受菩萨戒⑮。此某甲等，已发大愿，已有深信，能舍一切，不惜身命。唯愿诸佛菩萨怜愍故，与⑯某甲等菩萨净戒⑰。"三说。

①【加藤校第十三】"第三请师"，唯续藏本作"第三请师者"。

【林议】湛睿本亦无"者"。由此例可知续藏本承袭的版本有为统一前后行文而稍作修改。

②【加藤校第十四】"令"，唯金泽本作"合"。

【林议】湛睿本亦作"令"，此处当为金泽本抄误。

③【林校】"我今教汝。我今教汝"，他本皆作"我今教汝"。

④【林校】"请众"，他本皆作"请众圣"。

⑤【加藤校第十五】"我和上"，唯金泽本作"和上"。

【林议】湛睿本亦作"我和上"。然金泽本虽无"我"字，于文意则无不妥。

⑥【林校】"授"，唯金泽本作"受"。

⑦【林校】"文殊菩萨羯磨阿阇梨"，金泽本作"文殊师利菩萨为羯磨阿阇梨"。净土本、续藏本作"文殊菩萨为羯磨阿阇梨"。

⑧【林校】"神通眼"，金泽本、净土本、续藏本皆作"神通道眼"。

⑨【林校】"都圣"，金泽本、净土本、续藏本皆作"睹圣"。湛睿本当为误记。

⑩【加藤校第十六】"更"，唯续藏本无。

【林议】湛睿本亦有"更"。最澄本无此前后内容。

⑪【加藤校第十七】金泽本，最澄本作"愿时"，续藏本，净土本作"愿"。

【林议】湛睿本亦作"愿时"。但此例可见，续藏本的某些文字相异并非单纯排版错误，抑或受净土本影响，并有据可循。

⑫【加藤校第十八】"为白圣师言"，金泽本作"为自圣师云"，最澄本作"白圣师词"。

【林议】湛睿本此处与净土本、续藏本同，作"为白圣师言"。

⑬【加藤校第十九】唯续藏本有"独词三遍，下礼盘而起，独可唱"他本皆无。此或为后世增补之注记。

【林议】湛睿本作"独词三反下礼盘起，独可唱"。续藏本此处增补内容与湛睿本应有密切的关系。至少在十四世纪之前，已经有日本僧人在理解戒师到底如何进行仪式时，作出了这样的补充说明并使后世得以承袭。"独词三反"在湛睿本上是细字，续藏本作"独词三遍"同样是细字。"三反"的写法在中世抄本中相当普遍，就是三遍的意思。"独词三反"的注释是针对戒师所言内容要求宣说三遍，这也和下文各本皆有的细字"三说"的指示相一致。"下礼盘而起，独可唱"虽然字体与正文相同，但应该看作后世对戒师行为进退的规范所下的注释。"下礼"应是戒师合掌低头，行问讯之礼。而"盘而起"当指一直结跏趺坐的戒师起身。"独可唱"则指戒师一人宣说，而细字"独词三遍"应是对此句的追加解释。

⑭【林校】"诸大菩萨"，金泽本、净土本、续藏本皆作"诸佛诸大菩萨"。

⑮【加藤校第二十】续藏本作"欲从诸佛菩萨乞受菩萨戒"，金泽本作"欲从诸佛菩萨乞受菩萨"，最澄本作"欲从诸佛菩萨乞受出家菩萨戒"。

【林议】湛睿本虽略去"欲从诸佛菩萨"六字，仅作"乞受菩萨戒"，但于文意无关大碍。或许只是漏抄，但无从考据。金泽本明显脱"戒"。相较之下，续藏本此处内容与净土本相同，最为完善。

⑯【林校】"与"，金泽本、净土本、续藏本皆作"施与"。

⑰【加藤校第二十一】唯续藏本作"菩萨净戒"。"净"或为后代附加。

【林议】湛睿本亦作"菩萨净戒"。续藏本此处增补内容或与湛睿本有一定关联。

第四忏悔者，无始已来，谁能无罪。或有重罪，障戒不发①，故昙无谶②三年始获，故有上根上行之人，宜应静处别置道场，事理合行，精诚恳到③，上品相现，戒品自成。今此通方被时行事利根之士，逐语想成，宿种现加，式辨前事④。故今略出济世生善利物之仪。于中为三，先明忏意，次明运心，三正说罪，为忏方法。初云意者，夫言戒者，是白净法。法器清净，方堪进受。如净洁縠，易受染色。是故先教忏悔洗浣，亦如浣故衣先以灰汁，后用清水。然佛灭后向二千年，正法沉⑤沦，邪风竞扇。众生薄祐，生在此时。纵有听闻，颇生信受，犹如画水，不得久停⑥。空中造立，难可成就。良由惑障深厚，见执铿然。若不起于殷重之心，罪无由灭。罪若不灭，戒品难期。是故不可受辄尔而⑦。然忏悔法有其三种，上品忏者，举身投地，如太山崩，毛孔流血。中品忏者，自露所犯，悲泣⑧流泪。下品忏者，通陈过咎，随师口言："今虽下品，犹请诸佛诸大菩萨为作证明。诸佛菩萨有大慈悲，常欲令于法界众生，如我无异。虽观众生，犹如赤子。然须行者自发精诚。如请大王先须净舍，亦如浊水日轮不现。三世诸佛皆因此戒得成菩提。"云云。次运心者，虽从戒师说罪名种，然须先运逆顺十心，重罪方灭。故天台大师于《大止观》忏净文中具立此方成四昧⑨。彼具解释，今略列名。以为行者作灭罪良缘。先言顺流者，谓无始来，随顺生死。自微至著，不逾斯十。一者妄计我人，二外加恶友，三不随喜他善⑩，四纵恣三业，五恶心遍布，六昼夜⑪相续，七覆讳⑫过失，八不畏恶道，九无惭无愧，十拨无因果。亦须略教依名运念令

185

罪消灭也^⑬。次明逆流^⑭，所言逆者^⑮，谓逆生死。依前顺流次第逆上，如欲破贼，先须知贼根源窟穴。故知必须从后向前，如人倒地，还从地起。一正信因果，二自愧尅责，三怖畏恶道，四发露瑕玼，五断相续心，六发菩提心，七修功补过，八守护正法，九念十方佛，十观罪性空。须一一释对破所以^⑯，故知无始罪障^⑰，不可卒除^⑱。如伐树得根，灸病得穴。故须逆顺观其罪，由见罪性空^⑲，方为永谢。运此十心已^⑳，作如是言：

"仰启^㉑十方尽虚空界一切三宝，释迦牟尼^㉒当来弥勒，十二部经真如藏海，诸大菩萨缘觉声闻，证明我等披陈忏悔，从无始来至于今日，于其中间，皆由妄计我人，为贪嗔痴无量烦恼恼乱身心，纵恣三业具造十恶五逆四重。作一阐提拨无因果。列具^㉓十恶五逆四重无因果相。坏僧伽蓝，焚烧经藏^㉔。身四威仪，损殇含识。盗三宝物，及余趣财。颠倒邪淫，污染梵行。污父母^㉕，污比丘比丘尼、人男人女、畜生鬼神等一切男女。诳惑三宝，谤三乘法。言非佛说，障碍留难。或饮酒食肉，无慈悲^㉖心。或食五辛，薰秽三宝。或于一切出家人所，有戒无戒，持戒破戒，打骂诃责，乃至于一切有情无情，作不饶益。如是等罪，不可数知。自作教他，见闻随喜。对三宝前^㉗，披陈忏悔。齐^㉘佛所知，不敢覆藏。一忏已后，永断相续。更不敢作，愿罪消灭。唯愿三宝，慈悲证明。"三遍已。语之^㉙"欲入佛海，以信为本，生在佛家，以戒为本。故有三归，乃至菩萨戒。然受五、八、十戒，人如秉烛夜行，所见不远。受小乘戒，如月下游，虽未大明，犹胜灯烛。若受大乘戒，如在日中，无

186

不晓了，能摧八难，能免八苦。远离生死㉚，具足二严，四德圆满，降伏四魔。"云㉛。

①【加藤校第二十二】金泽本，最澄本有"故须忏悔"，续藏本无此四字，虽无关大意轻重，然以此可作为与金泽本，最澄本传承系统区别之根据。

【林议】湛睿本同净土本、续藏本，亦无"故须忏悔"，但是否湛睿本也与金泽本，最澄本传承系统不同呢，很难想象湛然的《授菩萨戒仪》会有两个泾渭分明的传承体系存在，而隐约可见的只是在历史的长河中，各种杂传本的内容交汇，相互影响。

②【林校】"昙无谶"，唯金泽本作"昙无最"。金泽本误记。

③【林校】"精诚恳到"，金泽本作"精诚恳倒"。金泽本误记。然湛睿本此处原作"精诚恳倒"，后改作"精诚恳到"。不知是否与金泽本有参照关系。

④【加藤校第二十三】最澄本作"今此通方被时行事利根之士，逐语想成，宿种现加，成辨前事"，续藏本作"今此通方被时行事利根之士，逐语想成，宿种现加，式辨前事"，金泽本作"今此通方被时行事利根之仕，逐语想成，宿种现加，式辨前事"，而净土本则完全去除了此二十四字，且无任何校注说明。各种小异此起彼伏。

【林议】湛睿本作"今此通方被时行事利根之士，逐语想成，宿种现加，式辨前事"。而"仕"与"士"如作异体字处理的话，则湛睿本与金泽本内容相同。

187

⑤【加藤校第二十四】"沉",唯净土本作"浅",或为误记。

【林议】湛睿本亦作"沉"。净土本当为误记。

⑥【加藤校第二十五】续藏本作"住",唯净土本作"停",或为误记。

【林议】此处加藤校有误。应言金泽本、最澄本、净土本、湛睿本皆作"停"。唯续藏本作"住",续藏本当为误记。

⑦【林校】"受辄尔而",他本作"辄尔而受"。湛睿本误记。

⑧【加藤校第二十六】"悲泣",唯续藏本作"悲犯泣","犯"似为衍字。

【林议】湛睿本亦无"犯",且续藏本语意不畅,"犯"当为衍字。

⑨【林校】"四昧",他本皆作"四三昧"。湛睿本误记。

⑩【林校】"不随喜他善",金泽本作"不随随他善"。净土本作"不喜他善"。最澄本取意作"又于他善都无随喜"。金泽本当为误记。

⑪【加藤校第二十七】"昼夜",唯续藏本作"尽夜",按作为湛然此处行文理论根据之《摩诃止观》亦作"六者,恶心相续,昼夜不断",旧字"昼"、"尽"虽形似而义不同。此处"尽"字似应按误字处理。

【林议】湛睿本亦作"昼夜",续藏本为明显误字。

⑫【加藤校第二十八】此处续藏本作"语",金泽本作"谏",最澄本作"诗",净土本作"讳"。四本各不相同,然按《摩诃止观》亦作"七者,覆讳过失,不与人知",与净土本同。

188

而就内容禁忌程度而言，《摩诃止观》与净土本最为强烈，而续藏本则最弱。此处续藏本的改动，只能归咎于续藏本在其传承过程中产生的误写误记。

【林议】湛睿本亦作"讳"，此处当依《摩诃止观》原意，以"讳"为准。湛睿本、净土本是。

⑬【加藤校第二十九】金泽本、净土本作"令罪消灭也"，续藏本作"令罪消灭"，最澄本无此十一字夹注。

【林议】湛睿本同金泽本、净土本。

⑭【加藤校第三十】金泽本、净土本作"明逆流"，续藏本作"明逆流者"。

【林议】湛睿本同金泽本、净土本。最澄本无此内容。

⑮【加藤校第三十一】"所言逆者"唯金泽本作"所言逆"。

【林议】湛睿本亦作"所言逆者"，同净土本、续藏本。金泽本脱"者"。最澄本无此内容。

⑯【加藤校第三十二】他本皆作"对破所以"，续藏本作"对破所"。

【林议】净土本作"对破以"。湛睿本同金泽本、最澄本作"对破所以"。净土本脱"所"，续藏本脱"以"。

⑰【加藤校第三十三】他本皆作"无始罪障"，续藏本作"无始罪"。

【林议】湛睿本亦作"无始罪障"，续藏本脱"障"。

⑱【加藤校第三十四】他本皆作"不可率除"，唯最澄本作"不可卒除"。此当按最澄本作"不可卒除"解。又检索电子

189

版大藏续藏，"卒除"二十五例，"率除"无他例。"不可卒除"亦见于道宣编辑《广弘明集》、《续高僧传》、《归元直指集》及《善慧大师录》。最澄本内容可谓精美，或许是本来就忠实地保持了原形，抑或是后世编辑人士正确地修正。总之最澄本于内容上的讹、衍、误之少，可由此例得证。

【林议】加藤此校稍有偏颇。此处非唯最澄本作"不可卒除"。金泽本（笔者校本无误）、湛睿本、净土本亦作"不可卒除"。另最澄本乃最澄按湛然《授菩萨戒仪》改编增广之另一著作，添削之处比比皆是，所以仅可作内容参考，而万不可以校本对待。与其奉最澄本为圭臬，何不先按金泽本、湛睿本内容来重审《授菩萨戒仪》的原型。

⑲【加藤校第三十五】续藏本、最澄本作"由见罪性空"，金泽本、净土本作"见由罪性空"。

【林议】此处加藤误校。湛睿本亦作"由见罪性空"。而金泽本（笔者校本无误）、净土本本皆作"由见罪性空"。

⑳【林校】"运此十心已"，同净土本、续藏本。然金泽本、最澄本作"运此心已"。

㉑【加藤校第三十六】"仰启"，唯净土本作"弟子某甲仰启"。此或为净土本特指仰启者为弟子某甲。

【林议】湛睿本亦作"仰启"。

㉒【林校】"释迦牟尼"，与最澄本、净土本、续藏本同。金泽本作"释迦如来"。

㉓【林校】"列具"，金泽本误作"具刊"，净土本、续藏本

190

作"具列"。最澄本无此内容。"列具"、"具列"皆可，与文意
无碍。

㉔【林校】"经藏"，同净土本、续藏本。金泽本、最澄本
作"经像"。按《天台戒疏》亦作"经像"。此处当改"经藏"
为"经像"。

㉕【林校】"污父母"，续藏本、金泽本、净土本、最澄本
皆作"污父污母"。此处当改为"污父污母"。

㉖【加藤校第三十七】续藏本作"慈悲"，金泽本、最澄本
作"慈愍"。两词皆佛教常用词汇。此例亦可认为是《授菩萨戒
仪》存有两大传承系统之例证。

【林议】湛睿本同净土本、续藏本。然湛睿本更有多处同金
泽本而异续藏本之处，可参看前文【加藤校第二十二】之议。
所以无法断言存在两大传承系统。

㉗【加藤校第三十八】净土本、最澄本作"今对三宝前"，
金泽本、续藏本作"对三宝前"。

【林议】湛睿本同金泽本、续藏本。

㉘【加藤校第三十九】唯金泽本作"斋"，或为单纯误记。

【林议】此处金泽本亦作"齐"，湛睿本与他本同。加藤的
提醒使修订版订正了初版的这个误识。

㉙【加藤校第四十】续藏本作"三遍已语"，净土本、最澄
本作"三遍已语之"。此句当解为"三遍说毕，继而对之言"，
但湛然在此使用的人称代名词"之"是否为其惯用，另是否还
有语例，有待再考。

【林议】此处金泽本、湛睿本亦作"三遍已语之"。续藏本脱"之"。另续藏本、最澄本此处皆为细字夹注形式。金泽本、湛睿本、净土本则为正字正文。

㉚【加藤校第四十一】续藏本、净土本作"远离生死"，金泽本、最澄本作"远离二死"。此句前后内容多为法数类词汇，如"八难"、"八苦"、"二严"、"四魔"等，由之当以金泽本、最澄本为正。

【林议】湛睿本亦作"远离生死"。按《摩诃止观》卷七云："二死永免，故言离也"。此二死即分断生死、变易生死二种生死义。"远离生死"及"远离二死"皆有远离二种生死之义，于文意无碍。

㉛【林校】"云"，续藏本、金泽本、净土本皆作"云云"，最澄本无此字。

第五发心者，先当继念十方诸佛，为所期果。是故《经》云："若能念佛，得见佛心。佛心复以慈悲为本，慈悲乃以弘誓居①。是故知誓②为菩提因。"具足为说发四弘心。发弘誓已，复加四心，以成四弘誓③。一者观于一切众生④，如佛无异。二如国王。三如父母。四如大家。何以故？佛为法王，是所求故。心佛众生，三无别⑤故，王居国尊，亲在家尊。大家须为⑥下类中尊。因中生⑦于果上想故，若不尔者，何能度之⑧？为度众生，立余三誓。又须⑨四种心。一者⑩所作功德与众生共⑪。二者⑫愿⑬一切众生，过于烦恼生死大海。三愿共众生，通达一切诸经了义。四共众生至于菩提。此亦四弘之别名，而以利生为本，故并俱于众生起想。以四弘誓，利生为本。既发心已，三业清净。犹如明镜，内外清澈^⑭，堪受净戒。以此戒品，具足三聚，三聚遍收一切法^⑮故。

① 【林校】"居"，他本皆作"居先"。湛睿本此处脱一字。

② 【林校】"知誓"，他本皆作"弘誓"。湛睿本此处误记。

③ 【加藤校第四十二】续藏本作"及成四弘誓"、净土本作"以成四弘誓"，金泽本、最澄本作"以成弘誓"。四字或五字只是修辞问题，另"及"、"以"字形近似，或为抄误，于理解全体内容并无大碍。

【林议】湛睿本同净土本，作"以成四弘誓"。

④ 【加藤校第四十三】"一切众生"，唯金泽本作"一切众"。

【林议】湛睿本同他本，亦作"一切众生"。唯金泽本脱"生"。

⑤ 【加藤校第四十四】续藏本作"三无别"，净土本、最澄本作"三无差别"。

【林议】金泽本、湛睿本作"三无别"。最澄本有作"三无别"及"三无差别"两种版本。

⑥ 【加藤校第四十五】续藏本作"复为"，净土本作"复"。

【林议】"须为"，净土本作"复"。金泽本同续藏本亦作"复为"。此处最澄本亦作"复为"。"复"或"须"虽于文意理解无大碍，但"须"较之"复"字语气稍强，此或为后世修改，而同样的改"复"为"须"，湛睿本下文还有一处。

⑦ 【加藤校第四十六】"因中生"，唯续藏本作"生因中"，

疑为错简。

【林议】湛睿本亦作"因中生"。续藏本当为错简。

⑧【加藤校第四十七】续藏本作"度人",净土本作"度之"。

【林议】此处他本皆作"度之"。续藏本当为误记。

⑨【林校】"须四种心",他本皆作"复发四种心"。湛睿本此处改"复"为"须"。

⑩【加藤校第四十八】"一者",唯净土本作"一"。

【林议】湛睿本亦作"一者"。

⑪【加藤校第四十九】"与众生共",唯续藏本作"与共"。"与共"虽能读通,但"与众生共"则较之有秩。此或为续藏误记。

【林议】湛睿本亦作"与众生共"。

l【加藤校第五十】"二者",唯净土本作"二"。

【林议】湛睿本亦作"二者"。

⑬【加藤校第五十一】"愿",净土本、最澄本作"愿共"。

【林议】湛睿本同金泽本、续藏本,亦作"愿"。

⑭【加藤校第五十二】"清净",唯金泽本作"清净澈"。

【林议】金泽本"清净澈"系笔者忽视衍字记号误读,修订版已改正为"清净"。另此处他本皆作"清净"。

⑮【加藤校第五十三】"三聚遍收一切法",唯金泽本作"遍收一切法"。

【林议】湛睿本同净土本、续藏本、最澄本,作"三聚遍收一切法"。按此处作"三聚遍收"更能突出天台戒思想以三聚净戒为一切戒之根本的主旨。智顗说灌顶记《菩萨戒义疏》曾言："律仪皆令心住，摄善自成佛法，摄生成就众生。此三摄大士诸戒尽也。"然金泽本的内容亦无大碍。

第六问能①者，既②发心，建立行相。行相不生③自行化他。自行故上求，利他故下化。汝等既知发心之相，堪能成就，满足四弘。此但现在身心发趣。若有遮难，戒品不发。《梵网经》云④："若有七遮，不应为受。"我今问汝，当如实答。若不实答，徒苦自他，无所克获，虚称菩萨，则为欺诳一切众生，负心诳佛，枉受利养。"汝不曾出佛身血不？"应答云："无。""不煞父不？""不煞母不？""不煞和上⑤？""不煞阿阇梨不？""不破羯磨僧不？""不煞圣人不？"若无七遮，堪得受戒⑥。应须起殷注心⑦，发殷重心。今此方欲授汝等戒⑧于戒品⑨。心若专志⑩，如仰完器，则有所克。一念一念⑪差违，犹如覆器，必无所成。然此戒者，无有形色，而能流注汝等身心。尽未来际，成就大果。而于尔时，无所觉知。自⑫若有形，入汝身时，当⑬作天崩地裂之声。故须系念，不得余觉及余思惟。须具为说缘境，为发戒缘也。

① 【林校】"问能"，他本皆作"问遮"。湛睿本此处误记。

② 【林校】"既"，他本皆作"既能"。湛睿本此处脱字。

③ 【林校】"不生"，他本皆作"不出"。湛睿本此处误记。

④ 【加藤校第五十四】《梵网经》云"，金泽本、最澄本作"故《梵网经》云"。

【林议】湛睿本同净土本、续藏本，作"《梵网经》云"。另此

195

处金泽本有加补"戒"字，或金泽本当作"故《梵网戒经》云"。

⑤【林校】"不杀和上"，金泽本、净土本、续藏本皆作"不杀和上不"。湛睿本此处脱字。最澄本则改作"汝等不杀和上不"。

⑥【加藤校第五十五】"堪得受戒"，唯净土本作"堪受得戒"。净土本或为误记。

【林议】湛睿本亦作"堪得受戒"。净土本当为误记。

⑦【加藤校第五十六】他本皆作"应须起"，续藏本作"应起"。

【林议】湛睿本亦作"应须起"。净土本同续藏本作"应起"。另此处唯湛睿本作"起殷注心"，他本皆为"起专注心"。湛睿本或为误记。

⑧【加藤校第五十七】"授汝等戒"，唯续藏本作"汝等授戒"。续藏本行文生涩。

【林议】湛睿本亦作"授汝等戒"。续藏本当为误记。

⑨【加藤校第五十八】金泽本、最澄本、净土本作"发于戒品"。续藏本作"发戒品心"。

【林议】湛睿本作"于戒品"，似有脱字，或可合前文读作"今此方欲授汝等戒于戒品"。而续藏本"发戒品心"则与下文"此戒流注身心"略相违。此处或当以金泽本等为正。

⑩【加藤校第五十九】"心若专志"，唯续藏本作"若能专志"。参第五十八条可知，湛然《授菩萨戒仪》或有续藏本为主与以金泽本、最澄本、净土本为主的两大传承系统。另慧思《受菩萨戒仪》作"今欲受汝等戒，若心专志"，续藏本"能"

或为"心"之误记。

【林议】湛睿本亦作"心若专志",可见仅续藏本不同之处,与其如加藤所说作为一大传承体系相待,不如更简单地将之归类于因仓促编辑而产生的误记。存在两大传承系统的说法较难成立。

⑪【林校】"一念一念",他本皆作"一念"。湛睿本此处衍字。

⑫【加藤校第六十】他本皆作"向若有形"。续藏本作"尚若有形"。

【林议】净土本亦作"尚若有形"。湛睿本作"自若有形"。按慧思《受菩萨戒仪》作"若有形色",而"向"、"尚"、"自"三字字型相近,且各各于文意无大碍。按《贞观政要》卷四云:"向若梦见桀纣,必应斫之"。"向若"同"若"义,或当从金泽本、最澄本等作"向若有形"。

⑬【加藤校第六十一】"当"。唯续藏本作"常"。续藏本或为误记,应改作"当"。

【林议】湛睿本亦作"当"。续藏本误记。

第七正授戒者,先略示三相,次正授戒。言三相者,所谓摄律仪戒、摄善法戒、饶益有情戒。应须广辨三聚广狭①偏圆之相,以作行者期心之本。若不尔者,秉法不成,小乘亦有三聚名故。次正秉法者,应语言:"汝等谛听,汝等今于我所,求受一切菩萨净戒,求受一切菩萨学处。所谓摄律仪戒、摄善法戒、饶益有情戒。此诸净戒,此诸学处,过去一切已受已学

197

已解已行已成；来一切诸菩萨，当受当学今解今行②，当来作佛。汝等从今身尽未来际，于其中间不得犯。能持不？"三问三答。第一遍时，应语言："十方法界一切境上，微妙戒法悉皆动转。不久当应入汝身中。"第二遍已③，次即语云："此妙戒法，即从法界诸法上④，遍虚空中，集汝顶上，微妙可爱，如光明云台。"第三遍初，复应示言："若更一遍，此妙戒法，入汝身中，清净圆满。正在此时，纳受戒法。不得余觉余思，令戒不漏⑤。"第三遍已，语言："即是菩萨，名真佛子。"故《大经》云："发心毕竟二不别，如是二心先心难。"

①【林校】"广狭"，唯续藏本作"广狡"。续藏本此处误记。

②【林校】"过去一切已受已学已解已行已成；来一切诸菩萨，当受当学今解今行"，金泽本、最澄本作"过去一切菩萨，已受已学已解已行已成；未来一切诸菩萨，当受当学当解当行当成；现在一切诸菩萨，今受今学今解今行"。净土本作"过去一切菩萨，已受已学已解已行已成；未来一切菩萨，当受当学当解当行当成；现在一切菩萨，今受今学今解今行"。续藏本脱"当解"，作"过去一切诸菩萨，已受已学已解已行已成；未来一切诸菩萨，当受当学当行当成；现在一切诸菩萨，今受今学今解今行"。此处湛睿本脱字甚多，当从金泽本改。

③【加藤校第六十二】"第二遍已"，唯续藏本作"第二遍凡"。此处续藏本误记。

【林议】湛睿本亦作"第二遍已"。续藏本此处亦属仓促编辑之误记。

④【林校】"诸法上",他本皆作"诸法上起"。湛睿本此处脱字。

⑤【加藤校第六十三】他本皆作"令戒不满",唯续藏本作"令戒不漏"。字型虽似而文意悬殊,此处续藏本误,当取"令戒不满"意。

【林议】湛睿本同续藏本作"令戒不漏"。按慧思《受菩萨戒仪》作"令戒不圆满",可知此处原文应作"令戒不满"。然若以不得余思余觉,当令此妙戒永不漏失之意作解时,"令戒不漏"亦无悖文意。续藏本的改动或源于湛睿本系统。

第八证明者,戒师应为受者作白言:"独弟子言某甲①,赡部洲人主地,大唐国某洲某县某僧伽蓝中佛像前②,有数多佛子来于我所,求受菩萨戒竟③。我已为证明,唯愿诸佛为作证明④。"三说。请诸菩萨,亦如向说。三说。

①【加藤校第六十四】续藏本"独弟子言某甲"中"独弟子言"部分有衍字嫌疑,他本皆无"独弟子言"。按戒师为弟子"作白言","白言"的对象当为受戒弟子。而此后三说内容皆为戒师所言,而非受戒弟子所说。此处或当改"独弟子言"为"弟子"作解。

【林议】此处湛睿本同续藏本作"独弟子言某甲"。然湛睿本较续藏本脱"仰启十方尽虚空界一切诸佛,于此世界一四天下,南"二十一字。按此"独弟子言某甲",湛睿本此六字皆为正文内容;而续藏本则前四字为正文,某甲二字为细字。然按

199

戒师所言羯磨文而言，至少"独弟子言"四字非为正文，似为后人夹注提示，意谓"此处所言之某甲，非戒师之名，唯独弟子之名可用"。此处改动既然能从十四世纪的湛睿本一直延续到续藏本，似乎并非是仅仅以衍字就能简单处理完毕的内容。

②【林校】"赡部洲人主地，大唐国某洲某县某僧伽蓝中佛像前"，金泽本、最澄本、净土本作"仰启十方尽虚空界一切诸佛，于此世界一四天下，南赡部洲人主地，大唐国某洲某县某僧伽蓝中佛像前"。湛睿本此处脱字甚多。

③【林校】"有数多佛子来于我所，求受菩萨戒竟"，此同净土本。略同续藏本之"有数多弟子来于我所，求受菩萨戒竟"。金泽本作"有众多佛子来于我所，来受菩萨戒竟"。最澄本作"有众多佛子来于我所，求受菩萨金刚宝戒竟"。

④【林校】"我已为证明，唯愿诸佛为作证明"，净土本、续藏本作"我已为证明，唯愿诸佛为亦作证明"。金泽本、最澄本作"我已为作证明，唯愿诸佛亦为作证明"。金泽本文意较为流畅。

第九现相者，受者既有三品之心，相现亦有三品不同。所谓凉风异香异声光明①，种种异相。于十方②界，此相现时。彼诸菩萨各问彼佛："何因缘故有相现？"彼佛各答彼菩萨言："此相现某方某界某国某处，有多佛子，于师所，三说求受菩萨戒竟③。今请我等，而作证明。我为作证，故有此相。"彼诸菩萨，各各欢喜，咸相语言④："于如是等极恶处所，具足⑤猛利

200

烦恼恶业众生，能发如是极胜之心，甚为希有，深生怜愍。乃于汝等，起于汝坚固梵行之心。十方菩萨尚发是心，是故汝等宜应悉心^⑥守护禁戒，不惜身命，勿令毁犯。"上品相者，上风上香光明^⑦等。中下准此。唯佛能了，余无能知。

① 【林校】"凉风异香异声光明"，唯续藏本作"凉风异香声光明"。续藏本明显脱字。

② 【林校】"于十方界"，唯续藏本作"十法界"。按日域"方"、"法"同音，此续藏本明显误记。

③ 【林校】"此相现某方某界某国某处，有多佛子于师所，三说求受菩萨戒竟"，此略同净土本之"此相现某方某界某国某处，有数多佛子于师所，三说求受菩萨戒竟"以及续藏本之"此相现某方某界某国某处，有众多佛子于师处，三说求受菩萨戒竟"。金泽本作"此相现者，某方某界某国某处，有众多佛子于某师所，三说求受菩萨戒竟"。最澄本作"此相现者，於娑婆世界一四天下南瞻部州人主地日本国山城乙训县山本僧伽蓝处，有众多佛子于最澄佛子所，三说求受菩萨戒竟"。最澄本的格式较接近金泽本。

④ 【林校】"咸相语言"，此与净土本、续藏本同。金泽本及最澄本作"咸相谓言"。

⑤ 【林校】"具足"，他本皆作"具足如是"。按行文次第，有"如是"二字较为通顺，此处湛睿本似有脱字嫌疑。

⑥ 【林校】"悉心"，金泽本及最澄本作"志心"，净土本、续藏本作"至心"。按慧思《受菩萨戒仪》有"是故汝等志心守

护"之例，另湛然著作中亦频用"志心"，而基本不用"悉心"，可知此处当以"志心"为准。湛睿本误记。

⑦【林校】"上风上香光明"，此与净土本、续藏本同。金泽本、最澄本皆作"上风上香上光明"。另最澄本亦有别本作"上风上香光明"。

第十说相者，谓略陈持犯。如声闻略说四夷①，故大乘略陈十重②。以从易持难，忏者③说应先为说此十总名④。波罗夷者，此是梵音。此土往翻名"他胜处"。善法益己，名之为自。恶法损己，名之为他。若恶法增，损害善法，名为"他处"⑤。然论持犯，乃至有命一针一草等，皆名"持犯"。今从易识，妨损处深故随说云云⑥。"若诸菩萨已于戒师所三说，求受菩萨戒竟……"⑦"若自煞，若教人煞。若作坑穽，与人非人药、施设方便。非真菩萨，假名菩萨，无惭愧⑧，犯波罗夷。汝从今身尽未来际，于其中间不得犯！能持不？"答言："能持。""若自盗，若教人盗。盗人五钱，若过五钱。若烧、若埋、若坏色，如是五大五尘……"

"若淫人男女。诸天鬼神，畜生男女，作不净行……"

"若非真实非己有，自言得禅、得解脱、得定、得九大禅、得初信乃至等觉妙觉，天龙鬼神来供养我……"云云⑨

"若酤诸酒……""若说出家在家菩萨，言犯十波罗夷中随犯一波罗夷……"

"若自赞己'真实所得'。并毁出家在家菩萨，言犯十重中一一⑩重罪，四十八轻中一一轻罪……"

"若悭财⑪。有来求者，法不为说⑫一句一偈；财不施与一针⑬一草，反⑭生骂辱……"

"若嗔一切出家在家菩萨。若非菩萨诸天鬼畜，忏谢不解⑮……"

"若谤三宝。若增若减，若相违若戏论，下至一句……"一一文若初若后。皆初至"……戒竟"。后"非真……"⑯。并同初句。

①【林校】"如声闻略说四夷"，此同净土本。续藏本作"犹如声闻略说四夷"，金泽本作"如声闻中略说四夷"。最澄本无此内容。

②【林校】"十重"，续藏本误记作"十种"。

③【林校】"忏者"，续藏本误记作"识者"。

④【林校】"此十总名"，与净土本、续藏本同。金泽本作"此名总名"。最澄本无此内容。此处金泽本或为误记。

⑤【林校】"他处"，金泽本作"他胜"，净土本、续藏本作"他胜处"，最澄本无此内容。此处依前后文意及行文结构，当以金泽本为最，净土本续藏本次之，湛睿本或为误记。

⑥【林校】"故随说云云"，金泽本作"故且随说，说云"，净土本、续藏本作"故随说之云云"，最澄本无此内容。此处除金泽本外，"云云"皆为细字，表示文意告一段落。金泽本"说云"为正字正文内容，有承接下文之用。

⑦【加藤校第六十五】唯续藏本于十重戒文前各加编号"第一"至"第十"。他本皆无。

【林议】湛睿本亦无"第一"至"第十"编号。此或为续藏本增补。

⑧【林校】"无惭愧",他本皆作"无惭无愧"。然湛睿本于文意亦无大碍。

⑨【林校】细字"云云",此同续藏本。他本皆无。

⑩【林校】"一一",唯续藏本误记作"一"。

⑪【林校】"若悭财",他本皆作"若悭法悭财"。湛睿本脱字。

⑫【林校】"有来求者,法不为说",唯金泽本作"有来求法者,不为说"。按前后文意,金泽本或为错简。

⑬【林校】"一针",唯金泽本作"一钵"。金泽本误记。

⑭【林校】"反生",唯金泽本作"及生"。金泽本误记。

⑮【加藤校第六十六】"忏谢不解",唯续藏本作"忏谢"。续藏本当补"不解"二字。

【林议】湛睿本亦作"忏谢不解"。意谓不受他人忏谢,而犯嗔戒。续藏本若不补"不解"二字,则文意欠妥。

⑯【林校】"后非真",金泽本、净土本、续藏本皆作"后从非真",最澄本无此内容。湛睿本脱字。

第十一广愿者,上来受戒,但是起行。菩萨之仪,利他为本。是故更须以愿加之。师应教言:"弟子某甲等,愿以忏悔受戒发心所生功德,回施法界一切众生。愿法界众生未离苦者,愿令离苦;未得乐者,愿令得乐;未发菩提心者,愿令发菩提心;未断恶修善者,愿断恶修善;未集佛法者,愿集佛①;未利生者②，愿早利生；未成佛者，愿速成佛。又以此功德，愿共法界诸众生等，舍此身已③，生极乐界。弥陀佛前，听闻正法。悟无生忍，具大神通。游历十方，供养诸佛。常闻无上大乘正法，福智资粮。自行化他，生十方佛前。一切佛法，速得圆满。又以此功德，愿共众生，从今已往，于自行门，未得无生忍前，永离三恶道身、永离下贱身、永离女人身、永离拘系身。常于佛法中，清净修诸行。于利他门，分身十方国土④，常为众生，作⑤大知识，示其正道，令生实果。愿诸众生⑥，闻我名者，发菩提心；见我身者，断恶修善；闻⑦我说者，得大智慧；知我心者，早⑧成正觉。"发愿已，礼三宝。

①【林校】"愿集佛"，他本皆作"愿集佛法"。湛睿本脱字。

②【加藤校第六十七】"未利生者"，唯续藏本作"乐利生者"。按上下文意，续藏本属误记，当为"未利生者"。

【林议】湛睿本亦作"未利生者"。

③【加藤校第六十八】"愿共法界诸众生等舍此身已"，净土本、续藏本、最澄本皆断作"愿共法界诸众生，等舍此身已"。按施护译《守护大千国土经》"如是人等，舍此身已"，续藏本等当断作"愿共法界诸众生等，舍此身已"为是。

【林议】湛睿本同文无异。金泽本笔者亦断作"愿共法界诸众生等，舍此身已"。此亦可断作"愿共法界，诸众生等，舍此身已"。

④【林校】"分身十方国土"，与净土本、续藏本、最澄本同。仅金泽本作"分身十界十方国土"。按前文皆用"十方"，

205

此处当以"十方"为文。金泽本衍字。

⑤【加藤校第六十九】他本皆为"作大知识",唯续藏本作"大知识"。续藏本脱"作"。

【林议】湛睿本亦为"作大知识"。续藏本脱字。

⑥【林校】"愿诸众生",仅续藏本作"愿众生"。续藏本脱字。

⑦【加藤校第七十】他本皆为"闻我说者",唯续藏本作"听我说者"。未详孰是。

【林议】湛睿本、金泽本、净土本、最澄本皆作"闻我说者"。续藏本当为误记。

⑧【林校】"早成正觉",仅续藏本作"即成正觉"。续藏本当为误记。

第十二教令持戒者,既得戒已,如服良药,须知禁忌,乃以补养①。自行断恶为禁忌,利他修善如补养。是故应须具足二持,遍修诸善,遍断诸恶,勤行慈救,恭敬三宝。云云②。于一一行,悉须以愿而加护之。常思满足四弘之愿,六度四等不离刹那,以妙观门融通万境。事理具足,正助合修,圆顿十乘超逾十境。云云③。

①【林校】"乃以补养",他本皆作"及以补养"。湛睿本误记。

②【林校】"云云",他本皆有。唯续藏本无。

③【林校】"云云",湛睿本、金泽本、最澄本皆有。净土本、续藏本无。

206

授菩萨戒仪

于时正和四年五月十日于比【叡】山东塔东谷神藏寺僧坊写之了。是遍挑圆顿三学之法灯，普照法界之迷闇，研四教三观之明镜，同游寂光之宫殿。了。

（本资料校订完成于 2004 年，校议等完成于 2010 年初。整理再订完成于

2013 年 7 月 15 日）

青莲院吉水藏新出资料《出家·授戒作法》

——论与"十六条戒"之关系

笔者于去年即 1999 年度曹洞宗宗学大会上，就《佛祖正传菩萨戒作法》之产生背景，简述了其是否受中国佛教、特别是受律宗思想影响的个人见解。在发表会场提问质疑时间，博导池田鲁参先生建议："《佛祖正传菩萨戒作法》的产生背景，如有可能应将当时日本天台既存的作法仪式以及思想动态也纳入研究视野。"此后在博士班研究指导课中，池田教授亦多次指出日本天台宗寺院至今还保存有与道元同时代制作修订完成的各种授戒作法。这也为笔者提供了一个新的研究方向以及钻研课题。

关于道元推行之"十六条戒"如何形成，多年来研究论文层出不穷，虽各种学说此起彼伏，至今却仍未得定论。

而其主要原因在于，道元及当时曹洞宗叙述"十六条戒"的四种主要文献，即《佛祖正传菩萨戒作法》、《出家略作法》、《教授戒文》、《正法眼藏》受戒卷等相互间内容的不一致。而与其他宗派的授戒作法相较，"十六条戒"的独特性亦成为议论的焦点之一。

本论文将以笔者发现并整理的日本天台宗三门迹之一，京都青莲院吉水藏圣教所藏《出家·授戒作法》的内容以及其与"十六条戒"之互相关系作一论述。

一、关于青莲院吉水藏《出家·授戒作法》

山本信吾《青莲院门迹吉水藏圣教目录解说》（《青莲院门迹吉水藏圣教目录》，汲古书院，1999）曾提到，青莲院吉水藏圣教现藏于青莲院庭园内、好文亭东侧书库二楼，平成三年（1991）因接受国库补助准备新设经藏之际，此部圣教被移至此并陆续整理了圣教的目录。其最大特色在于，保存了大量与天台真言作法有关的灌顶·血脉·印信等付法传法资料。乃日本现存最有研究价值的圣教之一。

本论文所议《出家·授戒作法》，为秘藏于吉水藏圣教第一〇四箱之书写于镰仓时代中期的抄卷本。此为青莲院第八代门主尊助法亲王（1217—1291）于文历二年（1235）五月十三日，对僧俗授菩萨戒的作法记录。全文约合二十一纸（译注：纸非为实际用纸数量，而是古代僧人衡量文献厚薄的法量单位，初出于唐《静泰录》），宽 26.7cm，全长 894cm。因其详细记载了此次作法仪式的前后内容，应是研究当时天台宗出家授戒作法的最合适的文献资料之一。

此文献外题虽为《出家·受戒作法》，但详观内容，全文当由《出家作法》、《授戒作法》两个部分构成。

《出家作法》由请师、礼拜、洗浴著出家衣、和上说法四个部分构成，基本上是欲出家之人于受戒之前应准备的事由。其分量为全文的十分之一左右。

而《授戒作法》因与道元推行的"十六条戒"有着思想上极其相近之处，有必要进一步研究继而将此成果公诸于世。此部分内容由奉请现前僧、奉请不现前师、阿阇梨灌顶、和上阿阇梨剃发、授衣、发四弘誓愿、戒师开导、授三归、戒脉相承、授三聚净戒、授十重禁戒、持十六种事、现瑞、回向等构成。

《授戒作法》首先提到了其秉承的戒脉，即卢舍那如来—释迦牟尼如来—弥勒菩萨—龙树菩萨—罗什三藏—南岳慧思—天台智者—章安灌顶—智威—惠威—玄朗—湛然—道邃—最澄—光定—长意—慈念—慈忍—源心—禅仁—良忍—药忍—湛敷—禅寂—尊助之传戒法脉。因日本天台宗派系众多，各派皆有不同戒脉传承。如何定位此戒脉对于了解此授戒仪式的传承体系有着重要的意义。此戒脉最初云："今此菩萨戒者，本是千叶花台上卢舍那如来所授释迦牟尼如来也。"而此句出自《梵网经》"我今卢舍那，方坐莲花台。周匝千花上，复现千释迦"。同时也表明了此戒脉所持的是以梵网戒为主的立场。

日本天台宗开祖最澄授弟子光定以源于卢舍那佛的"梵网相承"菩萨戒，授弟子慈觉以源于多宝塔中大牟尼尊的"法华相承"菩萨戒。此后由长意—慈念—慈忍—源心—禅仁—良忍六代祖师则同持两大系统的戒脉。良忍上人之后，戒脉又为睿空的黑谷流、药忍的大原流、严贤的大念佛寺流继承，其中大原流渐以光定的梵网相承为主，而黑谷流则偏重于慈觉的法华相承。

由此可知，《授戒作法》所载戒脉谱系，也就是尊助法亲王当时为信众所传授的菩萨戒仪式，应当接近或继承了大原流作法。此外亦可以认为《授戒作法》就是尊助法亲王自身于其出家时所接受的受戒仪式。而《授戒作法》文末所题"文历二年五月十三日传受了"一文，也正说明了一二三五年五月十三日，法亲王尊助于其十九岁时为大众传授了此菩萨戒作法。史传尊助乃土御门天皇（1196—1231）之子，后嵯峨天皇（1220—1272）之异母兄长，其于贞永元年（1232年）十一月八日，在当时的天台座主尊性（1194—1239）处出家受戒，并于公圆僧正（1168—1235）处受法灌顶，时年十六岁。而在《授戒作法》戒脉上所载授尊助菩萨戒的禅寂上人，现有文献虽无法确认此人，但是既然能为后来三度当上天台座主的尊助传授出家受戒之法，当然不会是泛泛之辈，甚至也可能就是时任天台座主的尊性。从《授戒作法》所载戒脉可知尊助出家当时天台菩萨戒作法的传承背景。

二、"十六条戒"与青莲院《授戒作法》之相关性

道元整理及撰述的《佛祖正传菩萨戒作法》、《出家略作

法》、《教授戒文》、《正法眼藏》受戒卷等四书有关菩萨戒授受的内容虽有诸般差异，但由三归、三聚、十重禁戒构成，以"十六条戒"为基本中心的授受戒思想却是相当一致。

无独有偶，青莲院《授戒作法》竟也是以十六条的戒法为主而形成的授戒仪式。关于两者的相关性，本论作以下三点概括。

1．道元出家当初即受"十六条戒"之可能性

按曹洞宗古来相传"三大尊行状记"、"建撕记"、"传光录"等有关道元传记资料记录，道元于建保元年（1213）四月在天台座主公圆处受得菩萨戒，时年道元十四岁。

而公圆则正是青莲院第三代门主慈圆（1155—1225）之高徒，同时也是青莲院第八代门主尊助之受法灌顶师。此段记录至少可以证明作为道元剃发得度师之公圆与青莲院有着相当密切的关系。

此外，青莲院《授戒作法》文初注释即阐明了受授十六条戒的正当性，也就是为何不同于传统菩萨戒的理由。

常途出家仪，剃发之时可授沙弥戒，所谓十善戒也。
但老病之辈，难期登位，直授十重可也。

其认为，俗人出家之际净发之后，一般授其沙弥十戒即可，然而老病弱者难登戒坛或无法顺利抵达道场中指定受戒位置，甚至可能是老病之辈，时日无多，无法循序渐进修行的缘故，所以可以直接授其传统菩萨戒中十重禁戒。青莲院《授戒作法》

的这段原文注释指出了当时青莲院应该已经认可了以十重戒为主的十六条简略受戒法，而相传在公圆处出家的道元亦有相当大的可能性接受此种作法而受戒。

《授戒作法》文初内容

2．青莲院《授戒作法》十六种事与道元提唱"十六条戒"之类似点

青莲院《授戒作法》关于十六条戒的说明如下，

"此中有十六种事，谓以下三反三归、三聚净戒、十重禁戒。此十六种事，能持不？"答曰："能持。"三答。

《授戒作法》十六条戒内容

　　这应当是镰仓时代日本天台宗所传戒律文献之中，明确地将"三归、三聚净戒、十重禁戒"以"十六"来进行统合的最早的例子。而对于十六种事的持否，青莲院《授戒作法》采用三问三答形式也与《佛祖正传菩萨戒作法》、《正法眼藏》受戒卷的方式一致。

　　青莲院《授戒作法》在展示戒脉之前明确了此授戒作法为千叶花台上卢舍那如来之所传授。《佛祖正传菩萨戒作法》则录有"我今卢舍那，方坐莲花台。周匝千花上，复现千释迦"的

214

偈文。因中国禅宗的授戒作法之中不会采用与卢舍那如来相关的偈文，《佛祖正传菩萨戒作法》的此段偈文的出现，也基本可以证明单就《佛祖正传菩萨戒作法》而言，其并非完全源自中国禅宗。

部分学者认为道元提倡的"十六条戒"与日本天台黑谷流作法类似。然而由良忍传至叡空（世所谓圆顿戒黑谷流之祖），并为法然（日本净土宗开宗祖师）所承袭的天台黑谷流戒脉，乃是基于《梵网》、《法华》两部佛经，其戒脉相传不仅始于卢舍那如来，同时亦始于多宝塔中之释迦。此点可由叡山文库所藏真如藏本《圆顿菩萨戒仪》得以确认，换言之，天台黑谷流的菩萨戒遵从的是"正依法华，傍依梵网"的立场。反观道元《佛祖正传菩萨戒作法》，"梵网相承"的立场相当明确，较之天台黑谷流则更与源自天台大原流的青莲院《授戒作法》相近。而两者同样以"十六条戒"为主实行菩萨戒作法，也不得不让人考虑到两者是否在相承上有所关连。

3．道元与青莲院的关系

门迹寺院为镰仓时代以皇亲贵族子弟为对象的最高级别寺院，而日本天台宗青莲院门迹，与三千院、妙法院并称天台宗三门迹。按《华顶要略》卷三上记载，青莲院创立于久安六年（1150）十月，摄政藤原师实（1042—1101）之子、时任第四十八代天台座主的行玄（1097—1155）将其所住青莲坊作为鸟羽天皇之后、美福门院藤原得子（1117—1160）之专用祈愿寺院，同时将之改称为青莲院，而行玄则成为青莲院第一代门主。此后青莲院历代门主皆由皇亲国戚担任，二代门主觉快法亲王（1134—1181，五十六代天台座主）乃鸟羽天皇第七皇子，三代门主慈圆（1155—1225，六十二、六十五、六十九、七十一代天台座主）乃关白藤原忠通（1097—1164）之子，四代门主良快（1185—1242，七十五代天台座主）乃关白藤原兼实（1149—1207）之子，五代门主慈源（1219—1255，七十七、七十九代天台座主）乃摄政藤原道家（1193—1252）之子，六代门主道觉亲王（1204—1250，八十代天台座主）乃后鸟羽天皇（1180—1239）之子，七代门主最守（1213—1256）乃摄政藤原基房（1145—1231）之子。

　　青莲院《授戒作法》的传授师乃是八代门主尊助法亲王，其为土御门天皇之子，前后三次身居天台座主之位，迁化于正应三年十二月一日，时年七十四岁。按《天台座主记》、《青莲院门迹系谱》等资料记载，贞永元年（1232年）十一月八日尊助曾于公圆僧正处受法灌顶。而公圆僧正早在近二十年前就剃度道元出家。此外按《本朝皇胤绍运录》第八十三土御门院记载，尊助之父土御门天皇以道元异母姊妹在子承明门院为其生母之点，亦可旁证道元并非毫无可能接近青莲院以及青莲院系统的僧人。

　　现按《青莲院门迹历代系谱》以及《校订增补天台座主记》等相关记录，将道元与青莲院之关系以简图表示如下。

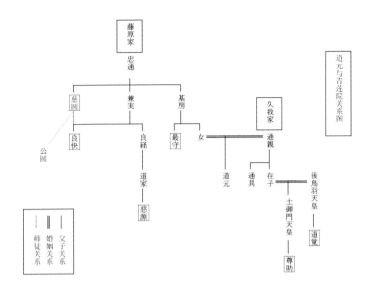

道元与青莲院关系图

道元的出世说法多歧，未有定说。此图参考水野弥穗子《道元禅師の人間像》（岩波书店，1995）以及守屋茂《京都周辺における道元禅師——前半生とその宗門》（同朋舍，1994）的学说，认为道元亲父为内大臣久我通亲（1149—1202），其母则为藤原基房之女。

由此图可见，当时青莲院门主如慈圆、良快、慈源、最守等多为藤原家出身之贵族子弟，而身为青莲院门主则基本成为天台宗座主的不二候补。"十六条戒"若确实源自天台宗青莲院，则与藤原家有姻戚关系，且幼年期曾在比叡山天台寺院修行，并日后能够开创曹洞宗，光扬"十六条戒"的道元，无疑在其戒思想的形成过程中或多或少地受到了青莲院系统以及藤原家出身僧人的影响。

三、道元戒思想背景考

以"十六条戒"为主旨的道元戒思想既然难以断言完全源于天童如净，那么道元不靠任何既存资料而独创且构筑自身戒思想的说法也无法令人信服接受。

青莲院《授戒作法》文末解说受戒功德，其中举了"戏女醉婆罗门"之例来赞叹出家受戒功德。

> 如彼戏女醉婆罗门，虽非真发心，以微少之结缘，为解脱之远因。

意谓，纵如强颜欢笑的梨园女伶、沉迷酒乡的婆罗门，于其戏言醉言之中，虽非真心而有出家之言，以其微少因缘亦得世尊授戒解脱。

道元在其《正法眼藏》出家功德卷中，同样以此例来赞叹出家功德。向来学者以为道元引用此例乃是基于龙树《大智度论》或智𫖮《摩诃止观》，然而实际当时天台宗的很多出家作法（较著名的还有曼殊院本《出家作法》，收录于京都大学国语国文资料丛书之《曼殊院藏出家作法》临川书店，1980）皆以此例来解说出家受戒功德。既然此例为当时日本佛教界周知，道元将之收录于《正法眼藏》继而完善自己的戒律思想也绝非偶然。

青莲院《授戒作法》采用的十六条戒在内容上，虽与道元提倡的"十六条戒"属于同一体系，但两者在各自戒思想之间还是存有一定的差异。

首先，青莲院《授戒作法》的起始部分，加入了台密传统作法中常见的如来呗、启白、神分等仪式。其次，青莲院《授戒作法》的顺序则完全依照了唐湛然《授菩萨戒仪》所传授的十二门次第的传统。而道元提倡的受戒法却没有采用此等仪式以及作法次第。

戒脉上的差异就更为显著。青莲院《授戒作法》显示由卢舍那佛相传的天台戒脉，道元的各类戒律文献中虽有类似于天台"梵网相承"的痕迹，但更多的则是其明确地认识到自身所受菩萨戒应为宋《禅苑清规》所规定的禅门佛祖相传之佛戒（见《正法眼藏》"受戒"卷），甚至引用禅门丹霞天然以及药山高沙弥之受戒来例证"十六条戒"菩萨戒之正当性。

道元所著《正法眼藏》之中，亦有多处虽未注明出处，但确为汲取宋地律学知识而为已用的内容。其中《正法眼藏》传衣卷所述"十种粪扫衣"之例，向来以为此引大意自《四分律》，但因两者内容参差不同无法断言道元此处记述源自《四分律》。而宋怀显《律宗新学名句》则记载了与《正法眼藏》传衣卷所述相同的内容。此外《正法眼藏》"出家功德"卷所谓"四依行法"以及"行四依"，向来亦以为虽引大意自《大乘义章》，但因《大乘义章》并未出现"行四依"词句，未能明了此处实际出典。唐代道宣《释门归敬仪》卷上以及《律宗新学名句》中，都能找到对《大乘义章》相关内容要约后的"行四依"，虽

219

无法确言道元是否参照两书内容，但可作为旁证厘清道元戒思想之宋地律学知识的背景。

由上述内容可以推论，道元戒思想至少受到三大系统的影响而逐渐形成。即由如净处所受禅门作法的影响，少年期于比叡山所受圆顿戒的影响，宋代新生律学理论所给予的影响。道元完全可以在继承日本天台圆顿戒思想的基础上，并加入宋地律学新兴理论进行完善，继而统合如净处习得禅门作法，从而构筑道元自身所追求的"十六条戒"为主的戒思想。

青莲院所藏的《出家·授戒作法》无论从地位上还是内容上，都可堪称为镰仓时代日本天台圆顿菩萨戒作法的代表，而其与同时代道元推行的"十六条戒"相类似之点值得深思。而青莲院吉水藏所藏约一千七百种资料里还有更多的镰仓时代戒律资料未及整理，今后有必要继续对相关文献进行分析，揭明当时佛教界存在的种种戒律之谜。

【原论文补记】此次研究发表，蒙青莲院门迹及东京大学史料编纂所许可阅览所藏资料，特此鸣谢。资料调查期间，获成愿寺小笹会资金援助，在此一并申谢。

（日文原刊曹洞宗综合研究中心《宗学研究》43 号，2001 年 3 月。编译于 2013 年 8 月 23 日）

附记：回忆东京大学史料编纂所田中博美教授

　　本书的一篇附记"青莲院吉水藏《八斋戒略作法》"曾附有一张黑白反衬的图片（第143页）。正是这张图片让我结识了东京大学史料编纂所的田中博美教授。

　　青莲院吉水藏的资料线索，完全是我自己在图书馆阅览时找到的。当时我的作法是翻阅已经出版发行了的各种寺院的书籍保存目录，力图找到日本佛教界保存的戒律仪式方面的种种珍稀资料。但绝未曾想到青莲院吉水藏的《授戒作法》会与道元的"十六条戒"有瓜葛。

　　在日本学界查找保存目录公开的资料比较方便，在我确定

当时使用的青莲院目录

221

需查看的资料之后，只要去所属机关的图书馆要求图书馆出面联系就可以了。青莲院吉水藏因为全部制作了胶片，并委托东京大学史料编纂所代管，所以大学图书馆联系了青莲院，并稍微周折了一番后，青莲院便开出介绍信命我直接去东京大学史料编纂所查看资料。

2000 年的 5 月 9 日，那天我在东京大学史料编纂所复制了青莲院吉水藏各种资料近三百页。东京大学史料编纂所的设备相较他处简陋，还没有完全摸清机器使用方法的我在复制胶片时出现了黑底白字的情况，当时正在查阅资料的田中博美教授帮助我解决了这个问题，救了燃眉之急。而那几张因误操作而产生的黑白反衬的图片因为尚能看清，所以并没有重新复印而被保存了下来。

田中教授是史料编纂所内研究日本中世寺院资料以及禅文化的专家，他曾多次指点我对于日本寺院史料的使用方法，令我受益终生。这十多年来，田中教授和我基本都参加了每月一次的东京大学东洋文化研究所的禅籍读书会，2009 年田中教授又邀我参加他主持的同样每月一次的东京大学史料编纂所的梦窗国师所著《梦中问答》的读书会，也使我认识了专攻寺院建筑史的野村俊一博士等青年学者。记忆中的田中博美教授一直没有太大变化，总是一脸稀疏的络腮胡子，话音却儒雅而柔顺。他和我虽同样是曹洞宗的僧人，但最大的业余爱好却是演奏基督教感恩节不可或缺的乐器管风琴。每当读书会后，我们聚在本乡三丁目车站十字路口处的中国菜馆饮酒闲聊时，他总会一

222

遍又一遍地说他是那么爱看"上海动画",那用水墨渲染而成,充满禅意的美术片。

讣告是今年5月3日陆续从读书会成员小川隆博士,丘山新教授,土屋太祐博士处传来的,田中教授因病于5月2日去世,享年六十三岁。

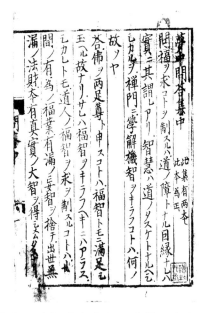

《梦中问答》读书会所用资料,全由
田中博美教授亲手准备并交付会员使用

田中教授的葬礼定于5月9日,距与他相识竟整整十三年。但我当天却因须办理一件行政手续而正在赶回家乡浙江乐清,无法见教授最后一面并为之诵经送别将是我终生的一大憾事。

（记于2013年8月25日）

镰仓时代诸种菩萨戒仪之流传
——再考"十六条戒"

笔者于 1999 年度宗学大会上发表了《佛祖正传菩萨戒作法》之产生背景的论文，其中特举《占察经》及《释门归敬仪》等例，欲论证"十六条戒"源自中国之可能性。此后，2000 年度宗学大会则就天台宗三门迹之一之青莲院所藏《出家·授戒作法》，以日本天台思想的角度来考证"十六条戒"的传承。经此两度学会发表，又蒙诸方教授指点，今暂将此前论证内容所见问题归结为以下两点。

1. 如何认识"十六条戒"中国起源说？

笔者于 1999 年度的发表内容中曾以汉地戒律文献为据，力主"十六条戒"中国起源说，而 2000 年度的发表则因新资料的出现而变换思考角度，提出了日本天台圆顿菩萨戒对"十六条戒"产生影响的可能性。论证过程的不同看似导致了结果的前后不一，这也使得在 2000 年度发表会场的提问质疑时间，导师池田鲁参先生再次提问"单纯就十六条戒为主的菩萨戒仪式而言，到底为道元独创？还是在道元之前已经在中国或者日本有所传承？"希望笔者能作出定论。就此，笔者认为：

因青莲院《出家·授戒作法》明确提到了"十六条戒"，所以以现阶段研究结果，道元提倡的"十六条戒"源自日本的可能性较高。但是类似"十六条戒"的简略受戒思想以及理念亦存于中国佛教。比如《景德传灯录》所见药山高沙弥之受戒事例，此外隋《占察经》、唐善无畏（637—735）《无畏三藏禅要》（大正藏一八卷九四三下）、唐道宣（597—667）《释门归敬仪》等皆有不受比丘戒，或直受三聚净戒，或受三归、三聚净戒、十善戒组合的戒仪事例存在。

2．如何认识新资料青莲院《出家·授戒作法》所见之"十六条戒"的意义？

笔者于 2000 年度发表论文认为，长久以来作为日本曹洞宗独自传统之一的"十六条戒"，其实镰仓时代的日本天台宗已有同样的作法流传。几位长年研究天台思想的学者（译注：原论文隐去学者名。应为早稻田大学大久保良峻教授、天台宗典编纂所野本觉成总编、弗吉尼亚大学 Paul Groner 教授）在阅此论文后，来信或当面指出，此次由青莲院吉水藏文献中找到的新资料，并非即可代表当时天台宗授受菩萨戒的主流。而此件以"十六条戒"为主的文献资料，在性质上亦不能排除其仅作为青莲院门迹自备仪式文献的可能。先贤意见一针见血，笔者亦以为仅凭一种资料展开论证，缺乏一定的说服力，有必要基于新资料青莲院《出家·授戒作法》，引伸更多事例来加以佐证。就此，本论将对镰仓时代前后日本天台宗部分具简略作法特色的菩萨戒文献作一整理，并对照前回未置评价且与"十六条戒"有关的日本天台黑谷流菩萨戒作法来作铺陈。而此次论旨并非介绍日本天台宗菩萨戒之概观，实乃以分析同时期与"十六条戒"相关之菩萨戒仪为主，力图达到补充前两回论文不足处的目的。

一、简略作法之自誓菩萨戒

《菩萨璎珞本业经》大众受学品第七言：

> 受戒有三种受。一者诸佛菩萨现在前受，得真实上品戒。二者诸佛菩萨灭度后千里内有先受戒菩萨者，请为法师，教授我戒。我先礼足，应如是语："请大尊者为师，授与我戒。"其弟子得正法戒，是中品戒。三佛灭度后千里内无法师之时，应在诸佛菩萨形像前，胡跪合掌自誓受戒。应如是言："我某甲白十方佛及大地菩萨等，我学一切菩萨戒者。"是下品戒。

意谓菩萨戒受戒分为佛菩萨亲授、师弟相授、自誓受戒三种。本论将主要讨论"自誓受戒"。

1．源信之《自誓戒》

编于江户时代的日本天台宗僧侣遗文资料集成《天台霞标》，其二编卷三收录有平安时期天台僧惠心僧都源信（942—1017）所撰《自誓戒》一种。源信曾与宋代天台的四明知礼有过书信往复，其所著《往生要集》倡导的念佛往生思想为后世日本天台宗、日本净土宗、日本净土真宗等奉为圭臬。

涉谷亮泰《天台书籍总合目录》（法藏馆，1978）认为源信撰《自誓戒》最古版本是青莲院吉水藏所藏镰仓时代之写本。不过1999年出版的《青莲院门迹吉水藏圣教目录》（汲古书院，1999）则认为收藏于吉水藏第一○六箱的《自誓戒》，因其朱墨假名以及返点皆有室町前期文献所具特征，所以认为其并非镰仓时代之写本，而是属于稍后的室町时代前期写本。

《自誓戒》是否源信真撰，学界尚存疑问，但能为青莲院门迹收藏，并标明"惠心御作"，笔者则较倾向其为源信真撰。另日本天台宗比叡山专修院编《惠心僧都全集》亦收录此书。

源信《自誓戒》相较于其他菩萨戒仪，仪式简略的特征非常明显，其仪式顺序依次为：首先，受戒者于三宝前，敬白欲受菩萨戒之意，并归依三宝。继之行忏悔、发露四重五逆、十不善业等罪业、更立四弘誓愿。此后，先受三聚净戒，再受十无尽戒（不杀生、不偷盗、不淫欲、不妄语、不酤酒、不说菩萨比丘比丘尼罪过、不自赞毁他、不得悭贪加毁、不瞋恚、不谤三宝）。《自誓戒》之十无尽戒出自《菩萨璎珞本业经》大众受学品第七，并与《梵网经》卢舍那佛说菩萨心地戒品中提到的十

227

无尽藏戒内容相同，此也被称作"十重波罗提木叉"或"十重禁戒"。与古来师弟相授的菩萨戒相比，自誓菩萨戒形式简略，而仪式中采取三皈之后接受三聚净戒与十重戒的组合方式，非常少见。若《自誓戒》确为源信真撰，则至少在十世纪前后，日本已经出现并开始进行实践戒律条目趋于简化的菩萨戒。

2. "守屋藏"所收之《自誓受戒作法》

1954 年 4 月，原本由守屋孝藏（1876—1953）律师所藏一批古经、宸翰共计 276 种被其家属转赠京都国立博物馆。京都国立博物馆将之命名为"守屋藏"。

1964 年，京都国立博物馆发行《守屋孝藏氏搜集古经图录》，刊载了"守屋藏"各古经资料的解题以及部分图版。其中第九十二号文献就是《自誓受戒作法》（而该文献在京都国立博物馆的藏品号码为 B 甲 143）。

《自誓受戒作法》撰者不详，书于保安四年（1123），其内容为属于菩萨戒仪的自誓受戒作法。此文献的概要介绍见于元龙谷大学土桥秀高教授于 1965 年所著论文《守屋コレクション〈自誓受戒作法〉について》。本论将在土桥研究的基础上，对此作法仪式之受戒意义作一补充考察。

仪式最初为三礼、说呗、表白三项。而表白内容阐述大凡受戒有二种，一为师徒相承，所谓南京天台（译注：此指地处奈良之南都六宗与比叡山天台寺院）之登坛受戒，后一种即为自誓受戒。

此后，撰者对于自誓受戒的正当性提出两点佛典根据，一是引大乘经典所言之"随逐人边所得之戒，不名菩萨戒。归依三宝□□之戒、是名菩萨戒也"，主张菩萨戒授受的前提在于是否皈依三宝，而仅仅随人师边而受戒法并不能称为菩萨戒。对于此则引用，土桥认为由于无法找到此文原文出处，而且内容上否认菩萨戒中包含随人授受之羯磨受戒，所以此段引用或为撰者发明，而非大乘经典原意。

笔者认为，此处确实引用了汉译佛典。刘宋求那跋摩译九卷本《菩萨善戒经》卷四"菩萨地戒品"言："菩萨受持菩萨戒者，终不自念我所受戒齐从和上师边受得，自念乃从十方诸佛菩萨边受。我若从师及和上边受得戒者，不名菩萨戒。若从十方佛菩萨边所受得者，乃名菩萨戒。"撰者虽也加入了以皈依三宝为前提，就可实行自誓受菩萨戒的新意，而其是否能够遵从《菩萨善戒经》关于菩萨戒授受的"增授"立场则须进一步确认下文。因同为求那跋摩译单卷本《菩萨善戒经》起首言："菩萨摩诃萨成就戒、成就善戒、成就利益众生戒，先当具足学优婆塞戒沙弥戒比丘戒。若言不具优婆塞戒得沙弥戒者，无有是处。不具沙弥戒得比丘戒者，亦无是处。不具如是三种戒者得菩萨戒，亦无是处。"此即指《菩萨善戒经》之授受菩萨戒，乃为重楼四级，需要通过"增授"，循序渐进方能最后进阶菩萨戒。

撰者的第二点佛典根据自称源自律藏《萨婆多论》所言："受必无人者，但心念口言，自归三宝我持八戒亦得"，意在强调皈依三宝的基础上，可得持八斋戒。而三皈之后，继之以忏

悔—受八戒—发四弘誓愿—请师—受沙弥十戒—回向—受三聚
净戒—回向—受十善戒—回向来完结受戒仪式。其中在"请师"
部分，撰者定义此戒为"菩萨三归五戒八戒三聚十重"之统合
菩萨戒。对此，土桥论文认为，《萨婆多论》虽未见此文，但其
文意或与《优婆塞戒经》尸波罗蜜品第二十三所言"若在家若
出家，若三皈若八斋若五戒，若具足若不具足，若一日一夜，
若一时一念，若尽形寿，至心受持，当知是人，得大福德"相
近。同时土桥也认为撰者提倡的戒仪比较特殊，无法判断其是
否依据《优婆塞戒经》而作。

笔者认为，撰者对《萨婆多论》的引用确有其实。《法苑珠
林》卷八八言："《萨婆多论》云，必无人受者，但心念口言，
自归三宝我持八戒亦得。又《成实论》云：有人言此戒要从他
受，其事云何？是亦不定，若无人时，但心念口言，乃至我持
八戒亦得"（《法苑珠林》文见大正藏五三卷九三四中，《成实
论》原文见大正藏三二卷三〇三下）。此处，撰者欲以汉地佛教
"自持八戒"的理论为基础，尝试与实践自誓受菩萨戒作结合之
点，绝非汉地佛教本有，应为日本佛教界发展菩萨戒思想过程
中的一大尝试和变化。但是撰者于自誓受菩萨戒的名目之下，
作法又要包摄三归五戒八戒三聚十重，事实上并不能摆脱《菩
萨善戒经》重楼四级循序渐进的旧有桎梏。

关于"守屋藏"所收之《自誓受戒作法》的意义，土桥认
为于平安时代由日本各寺院传抄的唐代安国寺澄照著《略授三
皈五八戒并菩萨戒》应为此类简略作法之滥觞，但《自誓受戒

作法》的革新有二,一是以"自誓受菩萨戒"的范畴去加以统合,二则是遵从最澄《山家学生式》,将本属沙弥戒的"十善戒"提升到菩萨戒的位阶来处理。笔者认为,此则成立于平安末期的受菩萨戒仪式,虽仍保留"增授"方式,与日后成为日本佛教界主流之"单授菩萨戒"不同,但可以由此看到日本佛教界在接受中国佛教戒思想时所产生的一些思想纠葛。如何接受以及变革,如何利用汉地佛教的既成概念,继而充实与完善圆顿菩萨戒成为当时佛教界非常重要的一个课题。而自誓受菩萨戒也因汉地佛教较少言及,又较易实行,理所当然地被作为突破口进行革新尝试。然而自誓受菩萨戒最大的缺点在于戒脉传承的不确定性,看似流于形式主义的戒脉传承却恰恰直截地证明了佛法的传持,师徒间的谱系。自誓受菩萨戒在其流传过程中的挫折也促成了后世师徒相承菩萨戒的独大,使得菩萨戒最终成为日本佛教戒律授受的主流。

3. 俊芿对自誓菩萨戒的看法

由渡宋僧荣西创建的京都建仁寺起初是修习天台、真言、禅学的三宗兼学寺院,直至第十一代兰溪道隆(1213—1278)才改为纯粹的修禅道场,如今则是日本临济宗的本山之一。建仁寺第八代长老一乘坊圆琳(1190—?),幼年曾师从比叡山首任总学头宝地房证真(?—1215)习学天台教理以及《菩萨戒疏》,建保二年(1214),又自渡宋留学僧人俊芿(1166—1227)处习学宋地所传《菩萨戒疏》思想。圆琳著《菩萨戒义疏钞》

跋语中言:

    圆琳年十五岁,始入叡山,登坛受戒,即住东坊东谷佛顶庵。在宝地房法印证真,谈义末座,见闻天台章疏之中。至十七岁建久元年八月日,承此戒疏,赐其私记,及授戒仪。又至二十五岁建保二年三月日,奉值渡宋上人我禅房俊芿谈天台宗大纲要仪,兼读大小戒律之中,亦学此仪,受菩萨戒。而于梦中感得戒仪文言符合经疏之意其左在别。两师所承,前后补接,依次编集,取纲钞记。而引经论及诸师说,且补所闻,且示同异。

圆琳的这部《菩萨戒义疏钞》因其同时记录了当时中日两国佛教界对菩萨戒的很多代表性看法,具有较高的研究价值。

其中关于菩萨戒以及自誓戒,《菩萨戒义疏钞》卷上钞下圆琳如此记录道:

    芿师云:(略)若菩萨戒,七众通受三聚净戒、十重禁等。无别受也。但今云方法不同者,于通受法而有《梵网》《地持》《璎珞》等不同也。又《占察经》意,若无戒缘故,不能受比丘戒者,用忏悔法,即见好相应得比丘具足戒也。虽如菩萨自誓受戒,而非菩萨三聚净戒也。

此处俊芿所认识到的菩萨戒可以被优婆塞、优婆夷、沙弥、沙弥尼、式叉摩那、比丘、比丘尼等七众共同接受的，其戒相以"三聚净戒、十重禁戒"为主，但受戒方法可以因《梵网》、《地持》、《璎珞》等各经记载不同而有所相异。但是《占察经》所言自誓受戒则并非真正意义上的菩萨戒，不过是在利用三聚净戒基础上而形成的受具足戒。这种将"菩萨自誓受戒"贬为"具足戒"，区别"菩萨三聚净戒"的观点，可以说是俊芿自身主张传统之重楼四级"增授"菩萨戒观的反映，而另一方面与百余年前源信《自誓戒》以及《自誓受戒作法》那种竭力使自誓受戒成为菩萨戒的思想形成的落差，也彰显了自誓菩萨戒作为受戒仪式所存在的缺点——其一不能明确"戒缘"传承，其二只是权宜之计。

以上简介了日本佛教史上较有代表性的有关自誓菩萨戒的观点。其中源信《自誓戒》在形式上已经非常接近道元推行的"十六条戒"。虽然"自誓受戒"与曹洞宗师徒相承的受戒法在性质上完全不同，但是作为菩萨戒一大系统的自誓菩萨戒所涉及的一系列简略作法，应该为后世菩萨戒的发展提供了一定的范例作用。

二、黑谷流戒仪与"十六条戒"

元东海大学石田瑞麿教授于 1962 年在《金泽文库研究》76—82 号连载论文《道元　その禅と清规》。其中推测，曹洞宗传承之"十六条戒"因是在参考日本天台宗黑谷流之《授菩萨戒仪（机）》（又称《机戒仪》、以下统称《黑谷略戒》）内容基础上，而制定的受戒仪式。事实诚如石田瑞麿所言，《黑谷略戒》明确记述受授的戒品为三皈三聚十重戒，共十六重，数目上以及戒相确与曹洞宗"十六条戒"相一致。

然而，笔者于 2000 年度发表论文中因青莲院《授戒作法》的发现，而不引论黑谷流戒仪之理由如下：

1. 《黑谷略戒》在内容上并未明示其传承戒脉以及正确作成年代，而且其作法顺序也与以天台湛然所制十二门戒仪为依据的传统黑谷流戒仪不一致。可见，《黑谷略戒》虽然同样以"十六条戒"的授受为主旨，但无论从其可信度以及传承地位，完全无法与青莲院《授戒作法》相提并论。换言之，日本天台青莲院门迹门主亲授并由青莲院保管的"十六条戒"，毫无疑问其资料价值以及可信程度要远远高于由江户时期日本净土宗僧侣重编的《黑谷略戒》。

2. 黑谷流戒仪作为日本天台流传戒脉的分支，除去《黑谷略戒》，还存有古本黑谷流《戒仪》（以下统称《黑谷古戒》）以及新本黑谷流《戒仪》（以下统称《黑谷新戒》）两种，由是有必要确认主张"十六条戒"的《黑谷略戒》在黑谷流中的地位如何。参阅收录于《净土宗全书》续十二的《黑谷古戒》以及《黑谷新戒》可以发现，两者在内容顺序上完全依照湛然制定的菩萨戒十二门戒仪。其所录《黑谷古戒》为明德元年（1390），日本净土宗第七祖了誉圣冏（1341—1420）所书文献，其中明确记录了长久以来黑谷流传承的戒脉。若更对比参看青莲院所藏文永四年（1267）写本《授菩萨戒仪·白河》（以下统称《白河戒仪》），则可发现《白河戒仪》对于受戒方法的记载与《黑谷古戒》几乎同样，而且两者所示由释迦传至日本净土宗初祖法然（1133—1212）的戒脉也完全相同。《白河戒仪》可以认为是比《黑谷古戒》更古的黑谷流授菩萨戒法。《黑谷新戒》则在江户时代以后广泛流传，其内容较《黑谷古戒》有所简化，但内容顺序依旧没有放弃湛然菩萨戒十二门戒仪的框架，现代的日本净土宗也还是按照《黑谷新戒》来实行受戒仪式。

此外，圣冏于其著作《显净土传戒论》之中，认为《黑谷略戒》在日本天台宗所传各种菩萨戒法中地位不高，其主要原因在于平安时代初期，日本天台宗第三代座主慈觉大师圆仁（794—864）将相当于《黑谷略戒》前身的略戒仪授与旁系弟子慧亮（生卒不详），而将广、中、略三种戒仪全部授与直系弟子长意（836—906）。江户时代净土宗僧人全长（1679—1747）在其著《显净土传戒论补注》赞同圣冏的说明，并在重修《黑谷略戒》时，按照圣冏之意首次将这部《黑谷略戒》定为慧亮相传。

现代的日本净土宗对于这部与其开宗祖师法然有关的《黑谷略戒》之由来、戒脉、戒相无具体详细的说明，《黑谷略戒》的地位还是如江户时代全长等所述的那样，不过是一种以在家信徒为对象，结缘相承为目的的简略授菩萨戒法。

综上所述，《黑谷略戒》作为天台黑谷流菩萨戒仪的异端，并未得到后世各宗僧人的普遍认同以及实践，虽然其在内容上虽然与道元提倡的"十六条戒"有一致之处，但其不明确的传承，突如其来的出现等等疑点的存在，使得难以令人确信其就能直接作为曹洞宗"十六条戒"的由来根据。

三、法然门下所见曹洞宗"十六条戒"

东京增上寺为日本净土宗七大本山之一，是其宗第八祖西誉圣聪（1366—1440）于明德四年（1393）开创。成誉大玄（1680—1756）为第四十五代增上寺法主，其于日本佛教之圆顿戒传承著有《圆戒启蒙》一书。其中第二八项"了誉上人圆顿戒许可事"针对曹洞宗数百年来流传之"十六条戒"的近况作以下两点介绍。

1. 今时曹洞宗于弟子剃发出家之际同时授戒，但初出家时仅授其出家大禁。此后满二十年成为寺院首座"江湖头"之时，需于三七日间修三千礼，以曹洞宗规则誓受三皈三聚十重禁戒之"十六条戒"，才能授与传法僧职。而净土宗则往昔亦于初出家授出家大禁，其后满学腊十五年时，以如法羯磨，受十重六八之圆戒（即十重四十八轻之圆顿戒），方许成为传灯之师。如今受德川幕府《东照宫御条目》指示，满学腊十五年时，须授予宗戒两脉（宗脉为法然于梦中接受善导大师传授之宗要，而戒脉则是慈觉大师圆仁传至法然之圆顿菩萨戒），方许成为传灯之师。

通过大玄的记载，大致可以了解当时曹洞宗的受戒方式存在重复受菩萨戒的现象，而净土宗则是在《东照宫御条目》的指示之下，逐渐将受戒规范化。按曹洞宗由道元开始就没有受沙弥戒及比丘戒的传统，此处"初出家"以及"成江湖头"所受戒仪应该都是以十六条戒为中心的菩萨戒。而并非只是大玄所说的类似于沙弥戒或十善戒的"出家大禁"。此外有关"江湖头"等规定，亦非道元时代所固有，乃是出自十七世纪初在德川幕府施压之下，由当时曹洞宗教团所制定的《日域曹洞宗诸法度》。

2．今时曹洞弟子在其满二十年学腊成为寺院首座之时，得授与"十六条戒"。其时师为传戒之师，弟子为传戒弟子。因师徒有戒，致有《血脉》相承，《血脉》不与无戒之人。其宗《血脉》，上由佛祖，下至今日受者，列书于一纸，以朱线相连为谱。意谓师身之戒，授与弟子，犹如父母血脉，授予其子。《血脉》亦为得戒证据而授予弟子。净土宗百年之前源誉存应国师（第十二代增上寺法主，1544—1620）之时，尚有得戒之人，仍据湛然十二门戒仪授戒，亦有《血脉》授受。而今德川幕府《东照宫御条目》亦应立传戒名目，不使戒脉谱系有名无实，方成宗门之大幸。

此处，大玄对当时净土宗传戒的有名无实痛心疾首，其在高度评价了曹洞宗十六条戒的传戒方式以及师徒间血脉证明相授的同时，也指出长久以来净土宗受戒方式的不规范性，而当务之急正在于制定类似曹洞宗的传戒制度。大玄对于传戒制度的危机感，应为当时净土宗内部所共有。同一时期净土宗僧人对圆顿戒的研究颇为兴盛，其主要作品则被收录于《净土宗全书》续十二卷《圆戒丛书》之内。而与曹洞宗"十六条戒"颇多相同的《黑谷略戒》也同样出现于这个时期。

结

以"三归、三聚、十重禁戒"组合而成的"十六条戒"受菩萨戒仪式，长期以来被曹洞宗认为本宗特有并奉持至今。综合近年学术界的研究成果，"十六条戒"的说法亦见于青莲院《出家·授戒作法》以及《黑谷略戒》，但究其源流，不仅离不开汉地既成戒律思想的存在，更包含有日本佛教界中世以来对于自誓受戒等简略菩萨戒仪式所作的种种实践以及尝试。随着寺院资料的进一步整理发掘，应该还会有类似的文献公之于世。

今后对于道元戒思想研究有必要结合他宗对于菩萨戒的思想以及观点的基础上作更深入的了解。"十六条戒"在道元戒思想所处的地位以及意义，并非是由数字"十六"而体现的独特，而应该将研究重点放在道元自身赋予戒仪以"佛祖正传"四字的思想意义。

【原论文补记】本论文完稿阶段得到驹泽大学佛教学部晴山

俊英教授的教诲指点，特此鸣谢。而本论所言及与"十六条戒"相关之青莲院吉水藏所藏《出家·授戒作法》以及与《黑谷古戒》相关之《授菩萨戒仪·白河》的原文内容，将刊登于《曹洞宗研究员研究纪要》第三二号《比叡山周边における授菩萨戒の内容研究》论文之中，以便读者参照。

（日文原刊曹洞宗综合研究中心《宗学研究》44 号，2002 年 3 月。编译于

2013 年 8 月 27 日）

附记:《门叶记》

关于青莲院吉水藏戒律资料的一系列研究，因我提出了其内容与一直被认为是道元独创的"十六条戒"有类似关系的论点，较为敏感，所以至今在曹洞宗宗学研究领域并未得到重视。反之，日本净土宗的学者对此数篇论文有所提及，据我所知就有若园善聪"圆顿戒における诸问题"（《西山学会年报》十四号，2004.12）引用了这几篇论文。《白河戒仪》的受戒法与净土宗古来所传《黑谷古戒》几乎同样的内容，也许是日本净土宗学者较重视的理由之一。

现收录于《大正藏》图像部十一及十二卷的《门叶记》一八四卷，乃是十二世纪至十五世纪青莲院各种资料的合集。本书提到的青莲院版《八斋戒略作法》以及《白河戒仪》其实

在《门叶记》中已有收集。而正因为长期以来我对于《门叶记》资料不够重视，才会出现这样的纰漏。所幸青莲院吉水藏所藏《出家·授戒作法》并未被《门叶记》收录，应该是确实由我首度整理完成的文献。

此外，在整理这些写卷的过程中，最大的难题是手写体的辨认工作。金泽文库的高桥秀荣教授、天台宗典编纂所的野本觉成主编，以及当时留学日本擅长书法又是温州同乡的北京大学哲学系陈中浙兄，都不同程度地指点和帮助过我，在此一并致谢。

（记于2013年8月27日）

源信《自誓戒》

林鸣宇　整理

凡例：

本文献以《大日本佛教全书》第一百二十五册之中《天台霞标》二编卷第三所录源信《自誓戒》为底本，另参校叡山专修院·同叡山学院编《惠心僧都全集》卷五所录源信《自誓戒》而成。改行处全按底本，断句由校者重新点校。

另青莲院门迹所藏室町时代前期写本为本资料现存最古版本，遗憾未得亲见对校，今谨按《青莲院门迹吉水藏圣教目录》（汲古书院，1999）录其题记供参考。

自誓戒　一卷

外题：自誓戒

内题：自誓戒　惠心僧都

卷中跋记：惠心御作也

卷末跋记：此忏悔文朱点以有或本加书了　菩萨比丘忠家

卷末别记：宽永甲申夏五月中旬令修覆了

自誓戒

比丘某甲，敬白本师释迦牟尼如来，一切三宝，护世诸天。发心以来，谨依佛教，受持菩萨大戒。然而世是末世，身则凡夫。持菩萨戒，虽不如法，正教所说，深信受之。《经》云："菩萨戒有受法而无舍法，有犯不失，尽未来际。"故知净戒常在心中。是故弟子为莹戒珠，今于佛前自誓受之。虽非受戒如法仪式，先归三宝。三宝即是诸善本故，是故至诚，当归三宝，唯愿三宝证明知见。

弟子某甲，愿从今身尽未来际，归依佛两足尊，归依法离欲尊，归依僧众中尊。唯愿三宝慈悲护念三反。已归三宝，须随佛意。顺佛意故，应持禁戒。但有罪根，非是法器。能灭罪障，唯是忏悔力。故为受戒，当修忏悔，唯愿三宝证明知见。

弟子某甲，至心忏悔，无始以来，无明颠倒，无恶不造，四重五逆，十不善业，赞叹邪见，自赞毁他，诽谤三宝，拨无因果。如是等罪，皆悉发露。一惭已后，永断相续，唯愿三宝慈悲护念。

菩萨戒行，唯是佛因。若非菩萨，云何持之。具大悲心，是名菩萨。故为佛果，当发悲愿，唯愿三宝证明知见。众生无边誓愿度，烦恼无边誓愿断，法门无边誓愿知，无上菩提誓愿证。唯愿三宝慈悲护念。

发悲愿故，既是菩萨，当为法界众生受菩萨戒。于菩萨戒，略有二种。一者三聚净戒，二者十无尽戒。应先至诚受三聚净

242

戒。三聚净戒者，一者摄律仪戒，《经》云："所谓十波罗夷"。二者摄善法戒，《经》云："所谓八万四千法门"。三者饶益有情戒，《经》云："所谓慈悲喜舍。化及一切众生。皆得安乐"。是等诸法，名义广博，非是凡夫所知境界。若略言之，是只经中一行偈也。《经》云："诸恶莫作。诸善奉行。自净其意。是诸佛教"。若能谨守此一偈意，是则菩萨三聚净戒。今于佛前，受广略戒。唯愿三宝慈悲护念。

次十无尽戒者，一不杀生戒、二不偷盗戒、三不淫欲戒、四不妄语戒、五不酤酒戒、六不说菩萨比丘比丘尼罪过戒、七不自赞毁他戒、八不悭贪加毁戒、九不瞋恚戒、十不谤三宝戒。如是十戒，初受之时，别别受之。今于佛前，总受持之。一一能持，不敢违犯。唯愿三宝慈悲护念。

今此一戒，不杀等名，虽似他戒，然其体用最胜深妙。此戒名为佛性常住金刚宝戒。卢舍那佛心地法门，诸佛本源，菩萨本源，一切众生心中佛性也。三世诸佛，成等正觉，皆无不由此净戒。弟子某甲，幸有宿因，受此净戒，虽三障身，成佛不疑。当发大愿，以助戒行。唯愿三宝证明知见。

弟子某甲，愿以忏悔受戒功德，回施法界一切众生。未离苦者，愿令离苦。未得乐者，愿令得乐。未发心者，愿令发心。未断恶者，愿令断恶。未修善者，愿令修善。未集法者，愿令集法。未利生者，愿早利生。未成佛者，愿速成佛。又以受戒功德善根，四恩法界，共生极乐。见佛闻法，悟无生忍。具大神通，游历十方。供养诸佛，常闻大乘。又以受戒功德善根，当为众生作大导师。闻我名者，发菩提心。见我身者，断恶修善。闻我说者，得大智慧。知我意者，早成正觉。唯愿三宝慈悲护念。

所修功德　回向真如　法界海中　一切三宝。
哀愍纳受　自受法乐　令我圆满　普贤行愿。
回向无边　世界海中　六趣四生　诸有情类。
速发清净　无上道心　早得普贤　诸身三昧。
游于四方　嬉戏快乐　同证一体　清净法界。
愿我能于　一切众生　救其急难　能作依怙。
愿我能于　一切诸佛　助其化缘　于一念中。
普供养佛　尽未来际　行普贤行　尽于如来。
心意之源　此现在生　牢强精进　远离十境。
毕竟不起　福智二严　自然具足　六亲九族。
恩所系念　同举荣耀　兴隆佛法　兼知终时。
终此身命　离诸苦痛　弥陀观音　同乘本愿。
摄持我身　令生极乐　在于佛前　莲华化生。
不经一宿　得无生忍。

《黑谷略戒》

林鸣宇　整理

凡例：

《黑谷略戒》原名《机受戒略戒仪》。为日本天台黑谷流广、中、略三种菩萨戒仪之略式菩萨戒仪。

本附录以宗书保存会编《净土宗全书》续九（净土教报社，1941）所录由净土宗僧人全长（1679—1747）于享保二年（1717）重刻的《机受戒略戒仪》作为底本。

文中改行处全按底本原文，断句由校者重新点校。

另底本正文标名《授菩萨戒仪机》，今整理部分按原名改作《机受戒略戒仪》，附录大标题按论文略称作《黑谷略戒》。

机受戒略戒仪

洒水列拜三返　　三礼　如来呗　表白

慎敬法界身心摩诃毗卢舍那莲华台上卢舍那佛、一代教主释迦牟尼如来、文殊弥勒龙树天亲等诸大菩萨、南岳天台等之传灯大和尚等白言，今信心受者至诚运志，随佛子应受净戒。云云。而佛子三学共阙，不能为戒师；五德全无，有恐为和尚。但惮身之不堪，不受净戒者，背菩萨行愿，同二乘自度欤。乃憖读先德《戒仪》，将授菩萨大戒。仰愿舍那释迦文殊弥勒，戒品所生一切三宝，随弟子劝请，影动此砌，哀愍受者，发心令具戒行矣。一礼

夫以诸道升沉，依戒持毁故。持戒人生十方佛土，破戒人堕三恶苦器。爰知戒行是渡生死大海船筏也、照无明长夜慧灯也、登大宝宫殿之梯凳也、赴菩萨直道之资粮也、是除病延命之良药也、亦不老不死之妙术也。依之，三世诸佛修戒行唱正觉；十方圣贤持此戒证菩提。皆是经教所说也，全莫致疑网。仍为显现世当生胜利，为满世间出世愿望。今跪三宝前，将受一乘戒。三礼踞跪。抑欲受净戒，先可持三皈，三皈之人，永不堕三恶道。早三身究竟，速三德圆满。加之三十六部神王，万亿恒沙鬼神，依天帝释劝敕，守三皈之人。云云。故拂一切急难，得二世胜利。仍今方授之，随教受之。

归依佛两足尊，归依法离欲尊，归依僧众中尊。三返。次应授三聚净戒。一摄律仪，谓断一切恶也。二摄善法戒，谓修入一切善也。三饶益有情戒，谓利益一切众生也。戒品虽多，摄在此断恶修善利生三种，斯乃正、了、缘三因佛性也，法、报、应三身功德也。仍从今身至佛身，此三聚净戒能持否？三返。

既授此三皈三聚净戒。一切戒品虽笼此内，名言幽玄，义

理难悟。故佛赴机缘，此外说十重禁戒。仍重可授之，受者至心可持之也。

第一不杀生戒　十戒各具三聚净戒意应知

第二不偷盗戒

第三不行淫欲戒　第四不妄语戒

第五不沽酒戒　第六不说四众罪过戒

第七不自赞毁他戒　第八不悭贪戒

第九不瞋恚戒　第十不谤三宝戒

如是十重禁戒，汝等从今身至佛身，于其中间不得犯。能持否？三返。

于一一戒品三度令唱之事。初云："持"之时，十方世界诸佛戒等皆悉动摇。次言："持"之时，所有戒品成满月轮照受者顶上。后言："持"之时，戒品月轮来入五体之内，耀三因佛性。仍以三度唱而授戒法式。都上来所授三皈并三聚净戒及十重禁戒，此十六重戒品能持否？三返。弟子凝坚固信心，持此等戒品。故灭罪生善，往生净土，愿望除病延命，福寿长远祈祷。现当悉地，何事不满之乎。仰愿华台华叶诸佛如来，文殊弥勒等恒河大士，戒品传持诸大师等，乃至影向随喜，天龙八部悉知证明，哀愍纳受给。

补阙分释迦牟尼佛号打。

次略神分祈愿。

愿以受戒大功德　广施法界群生类

未离苦者永离苦　未成佛者速成佛

右今日于道场为受者诵之，令授戒毕。

授菩萨戒仪则

授菩萨戒仪者，净家传来凡有三本焉。《传戒论》云："广、中、略，三种戒仪"也。第一庭仪广本，即妙乐《十二门戒仪》共异本《金刚宝戒章》，板刻行于世是者也。第二堂上轨则，广略中本。净土门人传灯师位之许可，为菱华传授黑谷古本是也。第三机上法式，慧亮说戒旧仪，传信、隆禅再兴，言"机受戒略戒仪"者是也。于是中、略二本，学者深秘不行于世。依之虽脉谱相承之人，未曾见者间多。故余欲流通广远，舍衣钵资，共《传戒论补注》同锓梓而助新受戒者书写之劳云。

于时享保二丁酉年四月十五日　沙门全长谨书

248

青莲院所藏戒仪写本之内容研究

　　笔者发表于《宗学研究》第四十三号、第四十四号的两篇有关菩萨戒研究的论文之中，曾以青莲院吉水藏所藏《出家·授戒作法》以及《授菩萨戒仪·白河》两文献作为主要论据资料，但因篇幅限制，当时无法刊登两件资料的完整内容作法全貌。此次经再度整理，将两文献具体内容公诸于世，以便读者诸贤利用参考。

　　凡例：

　　一、本写本内容资料研究以青莲院所藏、东京大学史料编纂所代管之吉水藏第一〇四箱第二号文献《出家·授戒作法》以及第一〇六箱第七号文献《授菩萨戒仪·白河》为底本。此两种资料皆未见于涩谷亮泰编"昭和现存天台书籍综合目录"。

　　二、本写本内容资料研究，所示改行处、空白处、细字等皆按底本原样。

　　三、本写本内容资料研究，原则上除个别处，统一原文略字、别字、俗字为简体正字。

四、本写本内容资料研究，〈＿〉记号之内皆为笔者校订补充及说明。

五、本写本内容资料研究，底本明显缺字处以及无法辨认处皆以□记号表示，另内容大幅缺落之处将以〈＿〉指示并在内注加文字说明。～为底本略字记号，省略内容见〈＿〉内补校。

六、本写本内容资料研究，省略底本原有汉字对应之日文注音、返点及纸背内容。断句由笔者点校。

一、青莲院吉水藏《出家・授戒作法》

宽永甲申夏五月中旬修覆了〈*此为后世补笔内容，可知本文献于1644年曾得修补*〉

出家作法

先庄严坛场备香花，次加持香水洒四方。

次三礼，如来呗。

次启白，略神分。

次欲出家者，著本俗服，先请和上云：

"菩萨大士一心念，我某甲奉请当寺某甲大德为和上，愿大德为我作和上。我依大德故得剃发出家。"*以下三反*"*慈愍故。*"

三说。每度拜和上。受者不解者，阿阇梨教授。

次请阿阇梨。准前可知。但改和上为阿阇梨。

次拜辞内外氏神、国王父母等。或云著本服拜辞父母。应是在本宅时事，寺中不可用。

礼拜毕，颂曰：若受者不解者，阿阇梨教令诵。三遍。

"流转三界中，恩爱不能断。弃恩入无为，真实报恩者。"

此偈意者，流转生死身，有恩人甚多。在家可报恩，出家以弃恩。然而若在生死家，欲报生死恩。自他俱沉，无出离期。若出家修道，自度亦度彼。欲弃恩入无为，是真实报恩也。或略偈意。

次礼和上。起去，脱俗服。以香汤洗浴，即著出家衣，未著袈裟。来至和上前，胡跪而坐。次和上应为说法。"发毛爪齿，骨皮血肉，必是不净物，和合成此身。朱唇白齿，长眼高眉。何者是净？生老病死，甚可怖畏。行住坐卧，无一非苦。此身足厌，何可爱乎？宜毁形守志，以期常乐果也。出家功德，不可思议。经教广说。"

授戒作法

常途出家仪，剃发之时可授沙弥戒，所谓十善戒也。但老病之辈，难期登位，直授十重可也。

凡欲受菩萨戒者，先奉请师僧。于师僧有二种，一现前僧，

251

二不现前师。依是二种师僧将成戒品。先请现前僧。受者不解者。教之。

"我某甲今从大德求受菩萨戒，大德于我不惮劳苦，慈愍故。"

次奉请不现前师。受者不解者，教之。

"奉请灵山净土释迦牟尼如来为菩萨戒和上"一礼

"奉请金色世界文殊师利菩萨为菩萨戒羯磨阿阇梨"一礼

"奉请睹史多天上弥勒菩萨为菩萨戒教授阿阇梨"一礼

"奉请十方净土一切如来为菩萨戒证戒尊师"

"奉请十方世界一切菩萨摩诃萨为同学等侣"一礼

"仰愿十方诸佛菩萨不舍本愿，哀受我请，授与菩萨净戒。生生世世，顶戴受持。"

说已，受者向阿阇梨前令坐。

次阿阇梨以香汤灌出家者顶。赞云：阿阇梨独诵之，一遍。

"善哉大丈夫，能了世无常。舍俗趣泥洹，希有难思议。"

次出家者自说偈言。若不解者，阿阇梨教之。三反或一反。

"归依大圣尊，能度三有苦。亦愿诸众生，普入无为乐。"

颂毕。礼拜起去。二师亦起，共至屏处。

次和上先剃顶发，次阿阇梨剃之。或阿阇梨先剃之，和上后剃顶发。云云。

〈以下当为两师剃发时言说内容〉

"受者知不？此身不净，始自托胎内，终至遇涂炭。皆尽

252

不净，所以者何？以父母□〈疑"痴"〉愚，而思我身。骨皮血肉内和合，手足头面外成体。五藏六府，缠络无绝。大肠小肠，死溢狼籍。纵倾海水洗之，何以得清净见〈"见"或为"兑"、"貌"〉？诸法无常，生者必灭。不久当死，身冷魂去，青疢䐜胀哉。生老病死，无遁避处。行住坐卧，无一非苦。此身足厌。何可爱乎？出家者厌此身也，道心者知无常也。宜毁形守志，以期常乐果。出家功德，不可思议。经教广说。"

神王以叹男子女人受三归者，_{取意}。即知灭罪生善，无过三归。念念归信，无时而忘。今将授之，随教受之。《梵网经》云："现身有七遮者，不能得戒。"今欲授菩萨戒，当问七遮，随问应答。"一、不出佛身血不？"答："_{不出。}"

"二、不杀父不？"答："_{不杀。}""三、不杀母不？"答："_{不杀。}""四、不杀和上不？"答："_{不杀。}""五、不杀阿阇梨不？"答："_{不杀。}""六、不破羯磨转法轮僧不？"答："_{不破。}""七、不杀圣人不？"答："_{不杀。}"傍人诵出家呗。_{出家之间，呗师音音不断，可唱诵之。云云。}

"毁形守志节，割爱无所亲。弃家弘圣道，愿度一切人。"

剃毕，二师著本座。

次受者至和上前，和上取袈裟示云："此是恒河沙诸佛解脱幢相衣。若人得之，诸佛随喜，天龙恭敬，药叉罗刹，皆生怖畏，不得相近。早度生死广海，速到菩提彼岸者也。我释迦大师，以此度众生。三世诸佛，亦复如是。故令受之，当生敬信。"云云。即顶戴授之。出家者受已，顶戴还和上。如是三遍。和上为著之，自不著之。正著袈裟时，即授与法号。

和上说偈云：三反或一反。

"大哉解脱服，无上福田衣。被捧如戒行，广度诸众生。"

次出家者说自庆偈云：不解者，阇梨教之。一遍。

"适哉值佛者，何人谁不喜。福愿与时会，我今获法利。"

颂毕，礼佛及师而坐。

〈以下两行为后世修补内容〉

已请诸佛菩萨为师为证明，充十方众佛神通道眼见闻我身口意。我如对目前，可仰受之。但既无七遮罪，当授菩萨戒。然无始罪障无量无边，先忏悔黑业，次可受净戒。

"至心忏悔无始来，自他三业无量罪，

如佛菩萨所忏悔，我今陈忏亦如是"

次四弘。

欲受菩萨戒，先发菩提心。行愿相备，得成佛故也。夫菩提心者，即四弘誓愿也。发此心者，即名菩萨。若发此心，灭重重恶业，不堕三恶趣。况余小罪及余小苦哉。乃至往生净土，证大菩提。自利利他，皆由此心。教凝诚心，当发此愿。

〈以下五行为后世修补内容〉

一众生无边～～～〈略"誓愿度"〉者，度十界众生故。二烦恼无边～～～〈略"誓愿断"〉者，断十界三惑故。三法门无尽～～～〈略"誓愿知"〉者，即惑成智故。四佛道无上～～～〈略"誓愿证"〉者，即生成灭故。

此之四法，诸佛之种。绍三宝位，一切诸佛，等证三身，无不因此。

〈以下为原文，但阙前文。今前五行已作修补，此一行当可视为衍文〉

法门无尽誓愿知，无上菩提誓愿证。

次开导。

夫诸道升沉，由戒持毁。持者受净土人天之生，犯者感地狱鬼畜之报。何况三世诸佛，无不依戒。成佛十方大士，无不以戒为师。所以菩提旷路，戒为资粮。生死大海，戒为船筏。无明长夜，戒为灯炬。恶业重病，戒为良药。《报恩经》云："不持戒品者，尚无受人身。"《遗教经》云："若无净戒者，诸善不得生。"《华严经》云："戒是菩提之本，持者成佛得道。"《本生经》云："戒是甘露之药，服者不老不死。"云云。既知诸佛禁戒是为二世良因，宜顶受之，如护明珠。抑戒有多种，今欲授菩萨摩诃萨三聚净戒。不杀等名，虽同他戒，此戒体用，最胜甚妙。中道为体，佛果为相。圆融万德，开会五乘。《经》云："戒如明日月，亦如璎珞珠。微尘菩萨众，由是成正觉。"又云："众生受佛戒，即入诸佛位。位同大觉已，真是诸佛子。"是以不求果报于己身，普及法界海；不限受持于尽形，远期未来际。此是一得永不失之戒，有受法无舍法。此是中道第一义之戒，点凡心即佛心。因兹宜仰圆顿之利益，以受一乘之戒品。

255

次三归。

欲受戒品，先可持三归。归佛法僧，是万善之根本，三乘之初业也。一佛宝者，佛有三身。法身者，中道实相如如法界之理。报身者，实修实证如如法界之智。应身者，如如法界同体之应用也。二法宝者，有佛无佛，性相常然之法。黄纸朱轴，法平等说之教也。三僧宝者，普贤文殊等菩萨，身子目连等声闻，乃至剃发染衣之一切僧宝也。《正法念经》云："持三归者堕三恶道，无有是处。"《菩萨处胎经》云："受三归者，弥勒第二会皆悉得道果。"《灌顶经》云："佛敕天帝释。遣卅六部……

〈……以下底本阙文〉

〈以下十四行为后世修补内容，于修补处并注有"用此文之时，可略上一段也"〉

今欲受三聚净戒，当须归依三种三尊境界，起四不坏信。尽未来际，为归依处。三种三宝者，一住持三宝，泥木素像为佛宝，黄纸朱轴为法宝，剃发染衣为僧宝。二别相三宝，三世三身为佛宝，所说法门为法宝，三乘贤圣为僧宝。三一体三宝，实相圆理，名为一体，即一而三为三宝。心体觉知名佛宝，性体离念名法宝，心体无净为僧宝。凡圣始终，此三具足。佛已修证，应物现形。别相、住持，初由一体。我等理是，如冰在水。今始觉知，正向此三。尽未来际，为归依处。戒亦三种。一传授戒，从师所受名句文身是也。二发得戒，白四羯磨心境发得是也。三性得戒，真如性戒凡圣共有是也。

《正法念经》云……

256

〈上段修补内容，承接前段经典引文前。其内容基本参照安然撰《普通受菩萨戒广释》中卷之文。〉

一反"弟子某甲"二反"愿从今身尽未来际，归依佛两足尊，归依法离欲尊，归依僧众中尊。"三说

一反"弟子某甲"二反"归依佛竟，归依法竟，归依僧竟。唯愿三宝慈悲摄受。"三说

次相承。

今此菩萨戒者，本是千叶〈底本有假名旁注，意谓有异本"叶"作"花"。〉台上卢舍那如来所授释迦牟尼如来也。释迦牟尼如来授弥勒菩萨。

弥勒菩萨授龙树菩萨。龙树菩萨授罗什三藏。已上天竺五代相承也。佛灭度后千四百岁之间，经此五代毕。

罗什三藏从龟兹国来至震旦，以此菩萨大戒授南岳惠思大师。惠思大师授天台智者大师。智者大师授章安灌顶大师。灌顶大师授缙云智威大师。智威大师授东阳惠威大师。惠威大师授左溪玄朗大师。玄朗大师授妙乐湛然大师。湛然大师授琅琊道邃和尚。已上震旦八代相承也。二百余年之间，经此八代毕。叡山传教大师、修禅义真和尚共渡震旦，从道邃和尚传此菩萨大戒。传教大师归朝之后，以此大戒授光定大师。光定大师授长意和尚。长意和尚授慈念僧正。慈念僧正授慈忍僧正。慈忍僧正授源心座主。源心座主授禅仁阿阇梨。禅仁阿阇梨授良忍上人。良忍上人授药忍上人。药忍上人授湛敩上人。湛敩上人授禅寂上人。

禅寂上人授佛子尊助。已上本朝十二代相承也。

始从卢舍那如来至于佛子尊助相承，传来都廿五代也。今从佛子受此菩萨大戒，正当廿六代也。如来灭度后虽送二千余年，菩萨戒相承才是廿六代也。今以庸质，谬厕资别。虽惭非器，深喜大缘。自非宿殖妙因，安蒙三聚净戒之薰。料知适依佛恩，得开十无尽藏之扃。是则凡圣天隔，遥传遮那释迦之戒香。山川域殊，远泻南岳天台之法水故也。

次三聚净戒。

诸戒虽多，不出三聚净戒。无量戒品，摄在此中。

"三聚净戒者，一摄律仪戒，谓遮一切恶。即正因佛性，法身如来种子也。二摄善法戒，谓修一切善。即了因佛性，报身如来种子也。三饶益有情戒，谓利益一切众生。即缘因佛性，应身如来种子也。若能持此三戒，速证三身功德。仍从今身尽未来际，此三聚净戒，能持不？"三度问之，每度答"持"。

既三度言"能持"了。当于此时十方诸佛身中薰得三聚净戒，如清凉秋月来入受者身中。自今以后名为真佛子，当以敬心奉持此戒。

次十重禁戒。凡三聚净戒，名义广博。一切戒品皆悉具足十重卅八轻，悉在其中。今且置轻，授其十重。

"一不杀生戒。谓诸有命者，不得故杀也。世间所畏，死苦为极。损他之中，无过夺命。况菩萨大悲，以他为己，何不悲

258

憨，反害众生。夫杀生之罪，报在涅槃。若生为人，寿命短促。三世诸佛离之，备常住不变之命。一切菩萨依之，得金刚不坏之身。仍从今身尽未来际，此不杀生戒，能持不？"答曰："能持。"如是三说。

"二不偷盗戒。谓一切有主财物，不得故取也。资生具是众生命缘，若劫夺之，即为夺命。菩萨万行，檀施为初，何为鄙心，还掠他财。夫盗犯之人，世世常贫。设求财不得，仅得寻即失。犹不能得资生之财宝，况于功德之法财乎。仍从今身尽未来际，此不偷盗戒，能持不？"答曰："能持。"三说。

"三不淫戒。谓若男若女，互莫行欲事也。深禅定之报，尚为爱所障。况于佛果乎？况于净土乎？能断佛种子，杀害菩提心。偏是爱咎，可怖可慎。加之轮回不绝，淫爱为基。此持不禁，生死无期。仍从今身尽未来际，此不淫戒，能持不？"答曰："能持。"三说。

"四不妄语戒。谓于见闻境界，如实起言说也。妄语第一火，能焚烧功德。堕大地狱中，更无出离期。实语诸善本，能增长功德。忆持菩提心，世世不废已。仍从今身尽未来际，此不妄语戒，能持不？"答曰："能持。"三说。

"五不酤酒戒。谓酒是起罪因缘，能令人失正念。正念若失，无恶不造。烧解脱功德，无过酒一法。抑饮酒过非轻，酤酒胜于彼。仍从今身尽未来际，此不酤酒戒，能持不？"答曰："能持。"三说。

"六不说四众过戒。谓不显说比丘比丘尼优婆塞优婆夷所有罪过也。如此四众，归心佛陀，各受其戒。既不同凡庶，名为佛子，设有罪过，隐不可说。而反说其过，令人生谤乎？非唯彼含怨，闻者坏信心。自他结业，展转无穷。仍从今身尽未来际，此不说四众过戒，能持不？"答曰："能持。"三说。

"七不自赞毁他戒。谓不赞自身毁他人也。菩萨代众生，尚应受毁辱。岂自扬己德，恣得说人短乎？《智度论》云："自法爱染故，毁呰他人法。虽持戒行人，不免地狱苦。"若由此文，设持余戒自赞毁他，定知此人地狱难脱。仍从今身尽未来际，此不自赞毁他戒，能持不？"答曰："能持。"三说。

"八不悭贪戒。谓随来求者，若财若法，施而不惜也。夫财是现世之资粮，法亦永劫之妙因。岂依一念之悭心，失二世之良缘乎？菩萨大悲，利他为本，万行众善，檀施为初。彼乞眼乞头，尚无吝惜。况求法求财，何不施与乎？加之不生悲心，反加骂辱，深违圣制，罪报尤重。仍从今身尽未来际，此不悭贪戒，能持不？"答曰："能持。"三说。

"九不嗔恚戒。谓于情非情，不起嗔恚也。焚烧善根，无过嗔恚。已背慈悲，永忘恩德。若起一念恶心，失无量功德。今生微恨，后世大怨。可与心为师，莫以心为师。仍从今身尽未来际，此不嗔恚戒，能持不？"答曰："能持。"三说。

"十不谤三宝戒。谓不谤佛法僧也。一切功德起于三宝，非归佛法僧之境界，安免火血刀之苦果乎？而世人临事，多谤三宝。或为官位念佛，愿益不满，返起邪见。或临病患归法，病若不差，则疑悲愿。是则依而□〈疑"共"〉。业有定不定，念有浅深果也。《经》云：

"一切众生受异苦，悉是如来一人苦。众生不知佛能救，故谤如来及法僧。"只可耻罪业之重，不可疑悲愿之重。谤三宝之罪，遥过五逆罪。仍从今身尽未来际，此不谤三宝戒，能持不？"答曰："能持。"三说。

十重戒品已毕。——戒品三度令唱者，初云："持"时，十方世界彼彼境界之上，彼彼戒品悉皆动摇。次云："持"时，十方世界所有戒品，作满月轮来于顶上。后云："持"时，戒品月轮入从顶上住于身中。"以此因缘，三度为法。今烦恼障眼，虽不能见。佛语诚谛，仰而生信。此中有十六种事，谓以下三反三归三聚净戒十重禁戒。此十六种事，能持不？"答曰："能持"。三说。

261

次现瑞。

今当此时十方净土，清凉风吹，栴檀香薰。

彼彼世界，各有菩萨，问佛瑞相所由因缘。彼佛告曰："从此某方有世界，名曰娑婆。于彼处佛，名释迦牟尼。彼佛入灭后二千余年中，大日本国某处某家，有一善人发菩提心，从某法师受菩萨戒。此事希有，故现此瑞。今虽不见彼瑞，非可疑其益。亿亿万劫至不可议。时乃得闻此希有法，无上佛果不久当得。况于净土花报乎？况于世间悉地乎？如彼戏女醉婆罗门，虽非真发心，以微少之结缘，为解脱之远因。加之一日一夜持沙弥戒，一日一夜受八戒斋，皆为往生因缘。"出离媒介，况发一念坚固心，受十无尽藏戒。期未来际，诚心护持乎？所有功德，无量无边。如虚空界，无有涯际。然则无始罪障，自然消灭。无量功德，任运成就。现世安稳，福寿长远。菩提行愿，永不退转。临命终夕，安住正念。

蒙弥陀引摄，生极乐世界。仰愿华台花叶诸佛，文殊弥勒等大士，天龙八部诸大师等，随喜证明，哀愍覆护。释迦牟尼宝号。

次六种。次回向。

愿以所生受戒善，回向法界诸众生。

未离苦者令离苦，未成佛者皆成佛。

生生世世值佛法，永断三恶不善业。

命终决定生极乐，究竟早证大觉位。

回向无上大菩提。

文历二年五月十三日传受了

二、青莲院吉水藏白河版"授菩萨戒仪"

1. 青莲院吉水藏白河版《授菩萨戒仪》解题

青莲院吉水藏白河版《授菩萨戒仪》为书写于镰仓中期，现藏于吉水藏圣教第一〇六箱的卷轴文献。此文献约十一纸，宽 30.0cm、全长 548cm。是青莲院吉水藏所藏日本天台宗古来授戒作法之一。由卷首内容可知，此文献为文永四年（1267）七月二十八日，由法印大和尚慈胤于康乐寺阿弥陀如来像前传授于禅快阿阇梨之戒仪。此外，卷末跋文为慈胤对此则授菩萨戒仪缘由的介绍。其中提到，正嘉二年（1258），慈胤曾委托永舜去抄写白河上人法莲房信空（1146—1228）授与向莲房西进的菩萨戒仪。此后慈胤对白河上人信空《授菩萨戒仪》的原本进行增补，才有此卷青莲院吉水藏白河版《授菩萨戒仪》。

白河版《授菩萨戒仪》起始，明示《略抄天台菩萨戒相承血脉谱》以显其正统。谓此戒仪由释迦传至中国，又由传教大师传至日本，后经慈觉—长意—慈念—慈忍—源心—禅仁—良忍—叡空—源空—信空—慈胤法印流传戒脉，并于文永四年七月廿八日授与禅快。慈胤虽未提及，但此戒脉毫无疑问，与慈觉大师相传日本天台黑谷流菩萨戒法完全一致。

《略抄天台菩萨戒相承血脉谱》之后，由《出家作法》与《授戒作法》两部分构成。

《出家作法》大致顺序为，和上洒水—出家者礼神、王、父母—著出家衣—灌顶洒水—出家者自说偈—剃发—授袈裟—宣说戒脉、戒相—说自度偈。此部分所说内容及偈文等与唐代道世《诸经要集》卷四"出家缘第三"（大正藏五四卷二九页）以及《法苑珠林》卷二二"剃发部第三"（大正藏五三卷四四八页）非常类似，或许受两书思想影响而成。

《授戒作法》部分起始，由细字注"极略"二字，明确定义此仪式为菩萨戒简略作法。其大致顺序为洒水—三礼—如来呗之后，按荆溪湛然所定菩萨戒十二门行仪略说戒相并授戒，此后神分、六种供养、回向结束仪式。与青莲院吉水藏《出家·受戒作法》的受戒作法相较，虽同为授菩萨戒仪式，白河版极略《授戒作法》的内容份量不及其一半，确为精练后的极略版本。

白河版《授菩萨戒仪》最重要的意义在于，因其在内容上与后世日本净土宗实行的由其开宗祖师法然所传授的《黑谷古本戒仪》非常近似，所以可以认为其是日本净土宗所授《菩萨戒仪》之滥觞。而现在日本净土宗公认的戒脉为，收录于《净土宗全书》续一二《黑谷古戒》之慈觉—长意—慈念—慈忍—源心—禅仁—良忍—叡空—源空—圣光—良忠—良晓—良誉—了誉的戒脉。由室町时代净土宗学僧了誉圣囧（1341—1420）书写于明德元年（1390）的戒脉与白河版《授菩萨戒仪》的戒脉同样记载了源空和尚（即日本净土宗开祖法然）在戒脉中的地位。由此可知，天台黑谷流菩萨戒仪至室町中期，其主流已由天台宗分传至净土宗，而在其内容上也未有较大变化。此外，作为一种简略授菩萨戒作法，天台宗三门迹之一的青莲院认可的白河版《授菩萨戒仪》对于镰仓时代各宗戒律思想发展，应存在其重要意义并值得进一步深入研究。

2. 青莲院吉水藏白河版《授菩萨戒仪》内容

授菩萨戒仪　白河　青莲藏

天台菩萨戒相承血脉谱略抄　传教大师将来

释迦如来灵山听法次第　南岳大师惠思　天台大师智顗　章安大师灌顶

缙云智威大师　东阳天宫慧威大师　左溪玄朗大师　荆溪妙乐大师湛然

道邃和尚已上唐朝　叡山根本传教大师最澄　前唐院慈觉大师圆仁　露地座主长意和尚

平等坊座主慈念僧正延昌　饭室座主慈忍僧正寻禅　西明坊座主源心僧都　东圆坊禅仁阿阇梨

大原光净坊^{良忍上人} 黑谷慈眼坊^{叡空上人} 同谷法然坊^{源空上人}

人 同谷法莲坊^{信空上人}

慈胤

右诸人结缘传受之，内授禅快阿阇梨毕

文永四年_{岁次丁卯}七月廿八日_{癸丑巳初克}法印大和尚位慈胤

出家作法

机上置花瓶、火舍、洒水器。_{加散杖。}

先和上洒水。_{自身、殿内出家者。}

次出家者礼氏神、国王、父母。_{或次礼师长。}

次师教颂云：

"流转三界中，恩爱不能断。弃恩入无为，真实报恩者。"

次脱俗服，令著出家衣。和上前可令胡跪，即说法_{云々}。

次以香水灌顶。_{洒水三遍。许欤？可问。}

次赞曰：

"善哉大丈夫，能了世无常。舍俗趣泥洹，希有难思议。"

次出家者自说偈云：_{师教之。}

"归依大圣尊，能度三有苦。亦愿诸众生，普入无为乐。"

次师以剃刀剃顶发。

近来，此后剃手之人剃了也。此间毁形呗：

266

"毁形守志节,割爱无所亲。弃家弘圣道,愿度一切人。"

剃了之后,弟子至师前。授袈裟,弟子受之又返师。如此三返,其后令著。授之间说偈云:

"大哉解脱服,无上福田衣。被奉如戒行,广度诸众生。"

前六段是前方便,今正是其时也。殊限此一段者,无余念,一心可听之。就之有相传戒、发得戒。相传戒者,以相传授戒。而只天台菩萨戒独此国有缘相传不绝,释迦如来以此千佛相传之大戒授陈朝南岳大师。是则灵山听法之次第也。南岳大师授天台大师,天台授章安大师,章安授智威大师,智威授惠威大师,惠威授玄朗大师,玄朗授妙乐大师,妙乐授道邃和尚。爰叡山祖师传教大师入唐奉受道邃和尚,大师归朝之后于叡山根本中堂授慈觉大师,慈觉授露地座主长意和尚,~~〈略"长意"〉授平等房座主慈念僧正,~~〈略"慈念"〉授饭室座主慈忍僧正,~~〈略"慈忍"〉授西明房座主源心僧都,~~〈略"源心"〉授禅仁阿阇梨,~~〈略"禅仁"〉授良忍上人,~~〈略"良忍"〉授睿空上人,~~〈略"睿空"〉授源空

上人,~~〈略"源空"〉授信空上人,~~〈略"信空"〉授慈胤法印,~~〈略"慈胤"〉去文永四年七月廿八日已初克,于山城州爱宕郡康乐寺僧伽蓝处阿弥陀如来像前授当座戒师禅快。从释迦如来廿二代相传之戒名相传戒。释迦如来隐此世后,遥虽经二千余岁,此戒相传,于今不绝,依此相传。以所得戒法为发得戒,所谓三聚净戒三物。一摄律仪戒,不作一切罪。二摄善法戒,作一切善。三饶益有情戒,利益一切众生。八万法

藏诸佛功德摄此中。物皆有名，戒是名也。有名物有体，戒体者，妙色庄严，如十五夜秋月，周遍十方世界。只佛菩萨见之，声闻缘觉德少不能见之。此戒法三羯磨后，一刹那克，来入受者身内，号之"戒体"。有信来，无信不来。声闻戒，持二百五十戒之程，虽有身，一戒破忽失。此圆顿妙戒，一得后，虽破戒作恶永不失，依之号"一得永不失戒"。余戒不变真如非随缘，依离法性，理不常住。此戒即理，故法性常住，戒亦常住。其体坚固，故名"金刚宝戒"。今日受此妙戒，生生不失，必可到佛果。

今文殊师利菩萨说第一羯磨曰：

"受者谛听谛听。今于我所，求受一切菩萨净戒，求受一切菩萨学处，所谓摄律仪戒，摄善法戒，饶益有情戒。此诸净戒。此诸学处。过去……"

〈上段省略处，当参明旷撰《菩萨戒疏》上之文。〉

又说自度偈：

"适哉值佛者，何人谁不喜。福愿与时会，我今获法利。"

已上以他本书之了。

授菩萨戒仪 极略

洒水，三礼，如来呗 或次表白。

先授天台菩萨戒，必有十二门次第。

第一开导者，略述此戒意。《梵网经》云："金刚宝戒是佛性种子诸佛本源。"《大论》云："戒是佛法大地，一切功德依之成就，离戒定惠无存。"云々。是以生死大海，戒为船筏。菩提广路，戒为资粮。虽修何行业，以戒为其本者也。开导存略如此。

第二三归
入三宝界，以信为先。奉归三宝不归余邪魔外道起心也。立此誓时，现世三十六部鬼神护身，当来解脱生死，是故先可授三归戒。使受者令唱之
"愿从今身尽未来际，归依佛两足尊，归依法离欲尊，归依僧众中尊。"三说
"从今已往称三宝为师，更不归余邪魔外道，唯愿三宝慈悲摄受，慈愍故。"一反，令唱可令致一礼

第三请师
菩萨戒奉请不现前诸佛菩萨受之。众生虽不见，佛见之乘神通必来。不见成奉，向思可请之。使受者教唱之
奉请灵山净土释迦牟尼如来为我和尚。依和尚故受菩萨戒，慈愍故。可令一礼
奉请金色世界文殊师利菩萨为羯磨阿阇梨。依阿阇梨故受

269

菩萨戒，慈愍故。一礼如前

奉请睹史多天弥勒菩萨作教授阿阇梨。依阿阇梨故受菩萨戒，慈愍故。一礼

奉请十方诸佛作尊证。依尊证故受菩萨戒，慈愍故。一礼

奉请一切菩萨作同学等侣。依同学故受菩萨戒，慈愍故。一礼

敬白十方一切诸佛菩萨，受者求我启诸佛菩萨，愿诸佛菩萨哀愍故施与菩萨戒。传戒师可独唱

第四忏悔

戒是白净法，心器清净堪受。以罪垢为不净，可忏悔元始以来罪障。就忏悔虽有多种，以悔我身罪业为先。致诚心悔身过，罪障消灭得清净。是故可修之。使受者教令唱

"我昔所造诸恶业，皆由无始贪恚痴。

从身语意之所生，一切我今皆忏悔。"

第五发心

菩萨戒法，菩提心为本。就菩提心，虽文义广，取要在四弘誓。依之可发四弘愿。使受者教令唱

"众生无边誓愿度，烦恼无边誓愿断。

法门无边誓愿知，无上菩提誓愿成。"

第六问遮

有七遮时不授戒。而当世人更不作其一，况于七哉！虽然

270

授戒之习必问之。可云："从佛身出血否？"使受者教云答否"杀父否？"答否"杀母否？"答否"杀和尚否？"答否

"杀阿阇梨否？"答否"破羯磨僧否？"答否"杀圣人否？"答否

已无七遮，堪受戒器。

第正七授戒〈当为"第七正授戒"〉

一切菩萨已受已成佛，未来一切菩萨当受当成佛，现在一切菩萨今受今成佛。从今身尽未来际，于其中间不得犯，能持否？受者可答云能持。如此三问三答，必用三反。

此第一羯磨之时，十方世界一切境上戒法振动。

次第二遍之时所振动戒法，从十方如云来集戒场上。第三遍之时，所集戒法从空下，从受者之顶入满身中已。三羯磨毕，名真佛子。依之《梵网经》云："众生受佛戒，即入诸佛位。位同大觉已，真是诸佛子"文。准之即身成佛，则此意也。

第八证明

仰启十方一切诸佛，一四天下南瞻部州人主地大日本国某州某县于佛像前受者受菩萨戒已毕。唯愿诸佛为作证明。

第九现相

十方法界一切佛土忽现瑞相。所谓清凉风来，薰微妙香，光明台宝楼等现。十方菩萨惊此瑞相，奉问各教主世尊。其土

271

如来，此授戒瑞相答菩萨众会随喜云："恶世众生受此妙戒，甚以希有。于受者身上，作哀愍意，修余善根。十方净土，不现瑞相。只受戒现此瑞。于一切功德之中受戒之善胜，以之为证。"

第十说相

摄律仪中有十重禁，受戒之场必授之。而声闻戒受后一不犯，菩萨戒不然。《璎珞经》说有二种菩萨，一具足受，于所受戒一不破之。二一分受，菩萨虽受十戒，我身不堪，置之不持。十戒之内择取易持者，虽恶人何不持之哉！加之他宗戒难持，天台戒皆易持。兼知此意，可令受之。

一不杀人戒，杀畜生罪轻，虽有制为轻垢罪，以杀人为十重禁。此不杀人戒，能持否？受者答曰："能持。"

二不与取戒，又云不偷盗戒。付钱分轻重，四钱已下轻垢，不取五钱已上物。不与取戒，能持否？如前。

三淫戒，付之有邪淫、不淫。出家人不淫，在家人不邪淫也。邪淫，不通他夫他妻也。此淫戒，能持否？如前。

四不大妄语戒，于世事不见云见，非大妄语。或天人被敬，或云得证利等也。此不大妄语戒，能持否？如前。

五不沽酒戒。菩萨可与药，沽醉物非菩萨。此不沽酒戒，能持否？如前。

六不说四众过罪戒。不说四众名德过也，非余人。此戒能持否？如前。

七不自赞毁他戒。菩萨先人次身，而其心背菩萨，故制之。此戒能持否？_{如前。}

八不悭贪加毁戒。非不与物致骂辱也。于来求者，或悭法悭财不与。此不悭贪加毁戒，能持否？_{如前。}

九瞋心不受忏谢戒。非起瞋恚不受忏谢也。此戒能持否？_{如前。}

十不谤三宝戒，能持否？_{如前。}

第十一广愿

修善必回向法界众生。受戒已大善根，须用回向。_{师教受者可云}

"愿以受戒功德，回向法界众生。未离苦者早离苦，未成佛者速成佛。又愿与众生俱往净土，同证菩提。"

第十二劝持

可具足禁忌补养二持。所谓受戒之后，不作罪名禁忌。修善名补养，依修善戒体所长养故。

今十二门行仪大旨大略若斯。夫遇如来医王，服实相不死之法药。开已心伏藏，得金刚宝戒之明珠。然则戒光照身，岂迷生死之长夜乎。法药贮心常存，定持金石_{平安}之寿福矣。

〈原文细字意指存"法药贮心"、"法药常存"以及"定持金石"、"定持平安"二种说法〉

273

神分　六种　回向

御本云

正嘉二年九月一日雇永舜令书写讫。即是故
法莲上人信空书出所授向莲房西进本也。为自用。加
减词有之，后见悉之矣。

假名菩萨比丘慈胤六十九五十七记之。

【原论文补记】

本资料整理研究，蒙青莲院门迹允诺阅览相关资料，特此
鸣谢。此外整理解读写本之际，得天台宗典编纂所野本觉成主
编悉心指导，一并致谢。

【原论文附表】

青莲院吉水藏《出家·授戒作法》与道元菩萨戒四书内容
比较

青莲院作法	《眼藏》受戒卷	佛祖正传作法	教授戒文	出家略作法
流转三界中，恩爱不能断。弃恩入无为，真实报恩者。				流转三界中、恩爱不能断、弃恩入无为、真实报恩者
先请和上、次请阿阇梨	烧香礼拜祖师、求请菩萨戒	先请戒		
菩萨大士一心念我某甲奉请当寺某甲大德为和上。愿大德为我作和上。我依大德故。得剃发出家		菩萨大士慈悲、为我某作教授师。		
脱俗服。以香汤洗浴。即著出家衣。未著袈裟来至和上前	沐浴清净著新衣	沐浴清净、著新净衣		脱俗服、著衣三拜、则到师前、跪踞合掌。次授坐具。次授袈裟。
次拜辞内外氏神。国王父母等				先礼国王、次礼氏神、礼父、礼母。还礼佛、终礼师。
善哉大丈夫，能了世无常。舍俗趣泥洹，希有难思议。				善哉大丈夫，能了世无常。弃俗趣泥洹，希有难思议。

青莲院作法	《眼藏》受戒卷	佛祖正传作法	教授戒文	出家略作法
毁形守志节，割爱无所亲。弃家弘圣道，愿度一切人。				毁形守志节，割爱无所亲。弃家弘圣道，愿度一切人。
和上、阿阇梨、受者	和尚、阿阇梨、受者	和尚、教授、受者		本师、戒师
常途出家仪。剃发之时可授沙弥戒。所谓十善戒也。但老病之辈。难期登位。直授十重可也。				次授戒作法。次忏悔，三归五戒尽形受。次沙弥十戒尽形受。次菩萨三聚净戒。次根本十重禁戒。各三拜而受之。后礼佛而去
今此菩萨戒者本是千叶花台上。卢舍那如来所授释迦牟尼如来也		我今卢舍那、方坐莲华台、周匝千华上、复见千释迦		

青莲院作法	《眼藏》受戒卷	佛祖正传作法	教授戒文	出家略作法
奉请不现前师		和尚予合掌默诵七佛宝号、并迦叶、阿难、商那和修、优婆鞠多等宝号、及菩提达磨尊者等六代之尊号、青原、石头、药山、云岩、洞山等宝号。但我嗣法之先师尊号三唱		大跪十七祖微尘大感、戒师到佛前、胡跪曰、奉请诸佛历代正法眼藏菩萨清净戒众、同垂降共作证明。展三拜、请方佛师三世佛世尊
至心忏悔无始来、自他三业无量罪。如佛菩萨所忏悔、我今陈忏亦如是			我昔所造诸恶业、皆由无始贪瞋痴、从身口意之所生、一切我今皆忏悔。	我昔所造诸恶业、皆由无始贪瞋痴、从身口意之所生、一切我今皆忏悔。
受戒品先可持三归。归佛法僧是万善之根	归依佛、归依法、归依僧。	南无归依佛、南无归依法、南无归依僧。	归依佛法僧。	南无归依佛、南无归依法、南无归依僧。

青莲院作法	《眼藏》受戒卷	佛祖正传作法	教授戒文	出家略作法
归依佛两足尊。归依法离欲尊。归依僧众中尊	归依佛陀两足尊、归依达磨离欲尊、归依僧伽众中尊。	归依佛无上尊、归依法离尘尊、归依僧和合尊		归依佛两足尊、归依法离欲尊、归依僧众中尊。
归依佛竟、归依法竟、归依僧竟。	归依佛竟、归依法竟、归依僧竟。	归依佛竟、归依法竟、归依僧竟		归依佛竟、归依法竟、归依僧竟
第一、摄律仪戒。第二、摄善法戒。第三、饶益众生戒。	第一、摄律仪戒。第二、摄善法戒。第三、饶益众生戒。	第一摄律仪戒。第二摄善法戒。第三摄众生戒。	摄律仪。摄善法。摄众生。	摄律仪戒、摄善法戒、饶益有情戒。
一不杀生戒	第一不杀生	第一不杀生	第一不杀生	第一不杀生戒
二不偷盗戒	第二不偷盗	第二不偷盗	第二不偷盗	第二不偷盗戒
三不淫戒	第三不淫欲	第三不贪淫	第三不贪淫	第三不淫欲戒
四不妄语戒	第四不妄语	第四不妄语	第四不妄语	第四不妄语戒
五不酤酒戒	第五不酤酒	第五不酤酒	第五不酤酒	五不酤酒戒
六不说众过戒	第六不说在家出家菩萨罪过	第六不说过	第六不说过	第六不说四众罪过戒

青莲院 作法	《眼藏》受 戒卷	佛祖正传 作法	教授 戒文	出家略作法
七不自赞毁 他戒	第七不自 赞毁他	第七不赞 毁自他	第七不 赞毁自 他	第七不自赞毁 他戒
八不悭贪戒	第八不悭 法财	第八不悭 法财	第八不 悭法	第八不悭贪戒
九不嗔恚戒	第九不嗔恚	第九不嗔恚	第九不 嗔恚	第九不嗔恚戒
十不谤三宝戒	第十不谤 三宝	第十不谤 三宝	第十不 痴谤三 宝	第十不谤三宝戒
此中有十六 种事。谓三 归三聚净戒 十重禁戒。 此十六种事。 能持不。答 曰。能持。 三说	上来三 三聚清 戒十重 戒、是 佛之所 持。汝 今身至 佛此身 十六支戒、 如是持。 受者礼三 拜。（三问 三答）	归净禁诸 净重受从 上来十六 条佛戒、 谓三归三 聚净戒十 重禁戒。 此十六条 戒、千佛 之所护待、 袭祖之所 来。我 今授汝。 汝从今身 至佛身、 是十六条 事、能持 否。三问。 能持。三 答。是事 如是持。		此中有十六条 事。三归三聚 十重也。此 十六条戒、从 今身至佛身、 能持否。（三问 三答。）

青莲院作法	《眼藏》受戒卷	佛祖正传作法	教授戒文	出家略作法
现瑞。诸佛文殊弥勒大士天龙八部诸大师等随喜证明。				瑞相显现。诸佛为证明,为和上。菩萨为同行为同学。
众生受佛戒。即入诸佛位。位同大觉已。真是诸佛子		众生受佛戒、即入诸佛位。位同大觉已、是真诸佛子		
文历二年(1235)五月十三日传受了		建长六年(1254)甲寅九月九日传写		嘉祯三季丁酉结制日(1237)

（日文原刊曹洞宗综合研究中心《曹洞宗研究员研究纪要》32 号，2002 年 3 月。原题《比睿山周边における授菩萨戒仪の内容研究——青莲院吉水藏の所藏写本を中心に》。编译修订于 2013 年 8 月 30 日。资料整理部分删去与前章内容重复之青莲院吉水藏所藏《出家·授戒作法》解题部分，另与原论文整理部分不同之处，皆为此次最新修订结果，今后当以本中文版内容为准。）

后记

　　《大戒东渐》一书是一年前因好友高山杉力邀而开始编辑成册的。此书原来应会以日文形式在东京山喜房佛书林出版，书林主人浅地康平仗义且有豪侠之气，这十多年来对我照顾有加，我的处女作亦在其处出版。浅地曾在 2010 年酒酣之余向我邀稿，但此次既然以中文方式先行付梓并为便于中国读者理解作了一定量的内容补充，应不会再出日文版了。

　　戒律研究其实不算是我的主要研究课题。但作为一名禅宗的僧人，我更多地是希望通过研究来了解佛教徒到底应当如何去进行实践、完成实践。书中提到的许多疑问，皆是我切身所感而发，其初衷并非为了解决既存的各类学术课题。然而"道与师齐，减师半德"是自始至终伴我研究成长的一个信念，既然已经站在了巨人们的肩头，就要尽可能地看到更远。

　　高山杉曾在来函中希望我能够在书中加一些留日期间的求学经历和介绍一下师友的趣闻，这才有了每篇文章最后貌似拖沓不堪，甚至画蛇添足般的附记。非常感谢他能够用这样一个方式让我重拾快要飘零殆尽的那些年的记忆。

扉页的书名题字出自授戒恩师尚明师傅之手,二十年来师傅从未大论长篇地对我讲述什么是"禅"、什么是"佛教"?更多地只是我默默地望着他的背影和他一起念经而已。三年前他因病昏迷在床半年之久,醒来时手足已难恢复往日自由。但他却渐渐放下拄杖,拾笔每天开始书写《心经》。"禅"、"佛教"还有"戒律",如果脱离了实践,不过是一纸空谈。

作者

2013年11月5日

图书在版编目（CIP）数据

大戒东渐 / 林鸣宇著 . —— 杭州：浙江大学出版社，
2014.9
ISBN 978-7-308-13407-1

Ⅰ.①大… Ⅱ.①林… Ⅲ.①佛教史－思想史－研究
－日本 Ⅳ.① B949.313

中国版本图书馆 CIP 数据核字 (2014) 第 138240 号

大戒东渐
林鸣宇 著

策　　划	周　运	
责任编辑	王志毅	
出版发行	浙江大学出版社	
	（杭州天目山路 148 号　邮政编码 310007）	
	（网址：http:// www.zjupress.com）	
制　　作	北京百川东汇文化传播有限公司	
印　　刷	北京中科印刷有限公司	
开　　本	880mm×1230mm　1/32	
印　　张	9	
字　　数	165千	
版 印 次	2014年9月第1版　2014年9月第1次印刷	
书　　号	ISBN 978-7-308-13407-1	
定　　价	36.00元